「〈からだ〉の声を聞きなさい」日本スクール主催者
北林はる奈
Haruna Kitabayashi

〈からだ〉の声を聞く12のルール

ハート出版

〈からだ〉の声を聞く　12のルール

はじめに

私がリズ・ブルボーの教えと出会ったのは、今から11年前のことです。その直前まで、私は銀座のクラブで働いていました。4年間ナンバーワンとしてトップの売り上げをキープし続け、他人からすれば華やかな生活を送っているように見えていたと思います。また、私自身も、その生活にまったく不満はないと思っていました。

それが、31歳になったある日、突然、猛烈な「めまい」に襲われました。今でもあの日の恐ろしさを鮮明に思い出します。天井がグラグラ揺れ、立っていられない……。経験したことのない状況にパニックになり、「これはただごとではない！」と思いました。

救急車で病院に運び込まれ、そのまま10日間入院し、「三半規管の不調、メニエール症候群の疑い」という診断がつきましたが、根本的な原因は不明でした。

それまで大病をしたこともなく、健康そのものだったのに、自分で自分のからだを思うように動かせないという初めての体験に、強い不安を感じました。同時に、子どものころから何か成果や結果を出さなければいけない！と走り続けてきた私は、これでやっと休める……と、ほっとした自分にも気がつきました。


退院してからも、めまいは4カ月ほど続きました。もちろん通院し、薬も飲んでいましたが、まったく改善されないのです。

病気をきっかけに仕事をセーブし、からだを休ませることはできていましたが、その当時の状況に思うところもあり、直感的に「これは肉体的な部分とは違うところに原因があるのではないか？」と感じました。


この状況を打開するために、何かいいヒントはないものか、と本屋に行き、偶然手に取ったのが、『〈からだ〉の声を聞きなさい』でした。

それまでにも、いくつかスピリチュアル系の書籍を読んだことはありましたが、正直、あまりピンときませんでした。それが、リズの言葉には何か感じるものがあり、また幸運なことにワークショップが開催されるタイミングだったため、すぐにスクールに通い始めることができました。

日常生活に取り入れやすく、応用も効くシンプルなリズの教え、また起業家精神を持つバイタリティある女性としての生き方と考え方に、私は初めて大きく価値観を変えられたのです。

いま思うと、子どものころから頑張って頑張って走り続けてきた私に、宇宙が与えた、必然性のある休息でした。そして、『〈からだ〉の声を聞きなさい』との出会いによって、私の人生はまったく違う方向に進み始めたのです。

現在、私はリズの教えを学び、日本国内では初めてETC（ÉCOUTE TON CORPS）の全課程を修了した主催者として、スクールの運営をしています。

この本では、数多くあるリズの教えのエッセンスの中でも、特に重要な12項目を「ルール」としてまとめ、具体的な実例、特に、私が病気をきっかけに自分を振り返り、リズの教えを実践することで、さまざまな気づきを体得し、いかに自分らしい人生を手に入れることができたのかを中心に、ご説明したいと思います。

誰もが幸せを手に入れたいと思っています。ただ現実の生活では、なかなかうまくいかないときもあるでしょう。それでも、誰もが幸せになれるのです。

あなたがあなたの中にある〈本当の自由〉に出会い、思い通りの人生を生き、幸せになるために……。この本が、そのヒントになることを願っています。

北林はる奈

もくじ

1章　〈真実の愛〉と〈恐れからの愛〉の違いを知る

あなたにとって、「幸せ」とは、どのようなものでしょうか？　家族や恋人と穏やかに暮らすことでしょうか？　それとも、お金をいっぱい稼ぎ、ぜいたくな暮らしをすることでしょうか？　人それぞれ、幸せの尺度は違います。ただ、私たちは、その「幸せ」に最も必要なものは「愛」だと考えています。それも、「真実の愛」です。

私たちが考える「愛」の説明をする前に、まず、この教えを説いているリズ・ブルボーについて、少しご紹介したいと思います。

リズは、１９４１年に、カナダのケベック州で生まれました。いくつかの会社でトップセールスレディとして活躍したのち、１９８２年から、みずからの成功体験を多くの人と分かち合うために、ワークショップを開催するようになりました。

肉体のレベル、感情のレベル、精神のレベル、スピリチュアルなレベル、それぞれの声に耳をすますことで〈心からの癒《いや》し・本当の幸せ〉を勝ち取るメソッドを記した、初めての著作『〈からだ〉の声を聞きなさい』は、１９８７年に発表されるなり、本国カナダでベストセラーの記録を塗りかえました。

その後、現在までに22冊の著作を発表していますが、それらは24カ国語に翻訳され、計４５０万部以上を売り上げるほど、世界各国で愛読されています。

また、リズ本人と運営スタッフにより、「〈からだ〉の声を聞きなさい」スクールとして、22カ国でワークショップが開かれています。ワークショップは33種に分かれていますが、おもに、

• 自分の最大のポテンシャルを見つけ、発揮すること

・ニーズを知り、人生の所有・行動・存在レベルで、望む自分に近づくこと

・自分にとって重要で必要な、内面の変容を実現すること

この3分野を、みずから手に入れられるよう、支援することを目的としています。

リズは、感情、精神、スピリチュアルの観点から自分をよく知るには、〈からだ〉が素晴らしいツールになると提唱しています。そして、真実の愛に気づき、自分や他者を尊重するために、常に、肉体、感情体、精神体から送られるメッセージを注意深く聞くことをすすめます。こうしたメッセージを聞くことで、誰もが内に秘めている、

・肉体面では、さらなるエネルギー、気持ちの若さ、健康

・感情面では、生きる喜び、よりよい対人関係、和解、自律

• 精神面では、受け身ではなく、みずから人生を切り開くために必要な理解、知識、メソッド
• スピリチュアル面では、心と魂の平和、裁かれずに自分らしくいるという願望、自分や他者への真実の愛、すべてに神（創造性）が宿ることを見る能力

を、取り戻せると教えてくれるのです。

先ほど、「ニーズ」という言葉が出てきました。ここでリズの言うニーズを、通常私たち日本人が使っているような〈需要、必要、要求〉という表面的な意味で捉えると、少し誤解が生じてしまうかもしれません。もちろん、自分への要求であり、自分にとって必要なものではあるのですが、もっと、根源的に自分にとってそう在《あ》りたい状態、イメージ、存在……物質的なレベルで言うと〈願望〉のニュアンスに近いものだということを、覚えておいてください。

このように、リズの教えの中には、時として私たち日本人には馴染みのない概念や言葉が出てくることがあります。事実、私も本を読んだだけでは理解できなかったことがたく

さんありました。だから、より理解を深めたくてワークショップに参加したのです。

今でこそ、教える立場になった私の場合でも、11年のあいだに、徐々に、一段一段、階段を上るように理解が深まり、自分の中に教えを浸透させることができたのです。ですから、あなたも、焦る必要はまったくありません。「今すぐに苦しみから逃れたい！」と、いきなりリズの教えに忠実に、完璧に実践に移そうとすると、きっと自分自身を扱えなくなってしまいます。もしくは、周囲に波乱が起きてしまうでしょう。それほど、これまでの常識を根底からガラリとくつがえすパワーを秘めた「教え」なのです。

では、改めて、私たちが最も大切にしている「愛」について説明したいと思います。ここで言う「愛」とは、異性間の恋愛における「愛」だけに限りません。家族、友人、仕事の同僚など、すべての人間関係に共通していることです。

まず、「愛」には、「恐れからの愛」と「真実・無条件の愛」の、二つの愛が存在します。この二つの愛は、とても混同されやすく、多くの人がこの違いに気がつかないまま、誤った形で相手に「愛」をぶつけています。二つの愛の大きな違いは、「動機が何か？」ということです。

私が主催するスクールで最初に学ぶ基本的なメソッドに、「BE YOURSELF（ビー・ユアセルフ）」というワークショップがあります。このメソッドは、「自分の中の無自覚だった側面に気づき、意識的になる」ことを目的とし、他者との関係、自分自身との関係をクリアにすることから、2種類の愛を学んでいきます。

まず、一つめの愛は、「恐れ」がベースにある、条件つきの愛です。「恐れ」には、いろいろな場合がありますが、自分にとって現実に起きてほしくないことが（また）起きるかもしれないという、「心配」や「不安」といった感情です。特に、これまでの人生において痛い目にあったことが、心の傷、つまり「恐れ」として表れます。そして、それを突き詰めると、「拒絶」または「愛されない」という、二つの大きな「恐れ」に集約されます。

例《たと》えば、女性はダイエットが大好きです。ただ、健康上は何も問題がない、充分に痩せているにもかかわらず、痩せたいと思う。もしその動機が「痩せてキレイにならなければ(恋人、夫、周囲の人から)愛されないのではないか」というものならば、それは「恐れ」から来るものです。

自分が本当はこうしたいという思い、ニーズを持っていたとしても、それを無視して人の期待に応《こた》えようとする。見返りを求めて自分の本当の意志とは違った行動をしてしまう。そうした「恐れ」があるために、他者に対して条件つきの愛を押しつけてしまうのです。

私たちは、本来どんなことでも現実化するだけのパワーを持っています。ただ、だからこそ、嫌《いや》だと思っていること、恐れたことも現実化してしまうのです。

今、とても好きな人がいたとします。でも、「私以外の誰かと浮気するかもしれない」とか「自分は見捨てられるかもしれない」と恐れていると、その恐れは現実化します。

幸せになりたいのであれば、「恐れ」を現実化させるのではなく、「望み」を現実化すべきなのです。ただ、自覚していない「恐れ」は、「望み」よりも強力です。人は、無自覚に「恐れ」にパワーを注入してしまうので、いつかそれが現実になってしまうのです。

では、「恐れからの愛」、「恐れから他者を愛する条件つきの愛」の特徴を、いくつか挙《あ》げてみます。

- 相手のスペースを侵害する（ここで言うスペースとは、必ずしも物理的なスペースという意味ではありません。例えば書斎や個室など、その人しか入れない部屋などは含まれますが、精神的なもの、権限や権利、決定権、自由も含みます）
- 相手を批判する
- 相手をコントロールしたがる
- 事前の取り決めがないのに期待を持つ
- 本人の真のニーズを確かめずに相手のことを決める
- 受け取ることを期待して与える
- 他者の幸不幸は自分に責任があると思う

私たちのほとんどが、相手から愛されたい、認めてほしい、愛する人を失いたくない、と思っています。それは、人間として当たり前の要求です。ただ、その思いが「恐れ」となり、このような愛し方をしてしまうのです。

しかし、たとえ本人にとっては当たり前になっているとはいえ、こうした愛し方を続けていると、自分も相手も不自由で窮屈な思いをすることになります。そして、どちらか、あるいは両者が我慢し続けることで、いずれその関係が破綻していきます。また、からだのどこかや心に、不調が出てくる場合もあるでしょう。

例えば、あなたの体調が悪くて、あなたにとって普段なんの苦労もなくできているお皿洗いや洗濯を、旦那さんにしてほしいと思っていたとします。でも旦那さんは、そんなあなたの思いに気がつかず、何も手伝ってくれない。そんなとき、「このくらいのこと、してくれたっていいじゃないの！」と怒る前に、よく考えてみてください。そのことを、あなたはちゃんと旦那さんに伝えたでしょうか？

先ほど挙げた「事前の取り決めがないのに期待を持つ」というのは、そういうことです。「それを伝えることで、相手に拒絶されるのではないか」という「恐れ」から、勝手に期待して、そのあとで、落胆したり、怒ったりするのです。

いかがですか？　あなたにも、思い当たるふしがありませんか？

一方、私たちが少しずつ目指したい「真実の愛」は、こういった「恐れからの愛」ではなく、「無条件の愛」がベースにあります。その特徴をいくつか挙げてみます。

- 相手のスペースを尊重する
- 相手が、自分とは違う願望、ニーズ、考え、恐れ、思い込み、強さと弱さ、長所と短所を持ち、自分らしくあることを許す
- 期待を持たずに相手を導く、指導する
- 期待を持たずに、ただ与える喜びから与える
- 今は賛成できなくても、理解できなくても、相手を受け容《い》れる

ここで重要なのは、無条件の愛は「相手と自分が違っても良い」ということを前提としているということです。また、相手への期待の多くが、自分への見返りをベースにしていないか？ということを、よく考えてみてください。

例えば、「ありがとう。あなたのおかげよ」という感謝の言葉が欲しいから、その言葉

がないと自分が愛されていると思えないから、相手に何かしてあげる。これは、「無条件の愛」ではなく、「恐れからの愛」です。人はどうしても、「愛ゆえに」相手に期待してしまうことが多いので、相手が自分とは違うということを前提にせず、つい自分の考えを押しつけてしまう。しかし、それは「真実の愛」とは違うのです。

私は、初めてスクールのワークショップを受け、この二つの愛の違いを知ったとき、とても驚きました。そして、気持ちが軽くなり、開放的な気持ちになったことを覚えています。なぜなら、両親や、それまでのパートナーとの関係のほとんどが、私にとっては「恐れからの愛」だったからです。

そして、私自身も相手をコントロールし、自分はまるで完璧であるかのように相手を批判し、自分にニーズがあったとしてもそれを無視し、相手を自分のスペースに侵入させることを愛だと思っていたことに気がついたのです。

私たちは、私たちが他の人を愛するように、自分自身を愛します。

他の人たちは、私たちが自分自身を愛するように、私たちを愛します。

あなたは、今のところ、どの程度「恐れ」からの愛の中にいて、どの程度「無条件」の愛の中にいるでしょうか？　私自身は、スクールで学び始めた11年前には「恐れ」からの愛が８割を占めていましたが、徐々に「無条件」の愛の割合が高くなり、今では無条件の愛が８割を占めるほどになってきていると感じています。

つまり、こうした大事な問題であるからこそ、「すぐに」「簡単に」体得できるものではないのです。それでも、一歩ずつ着実に、本当の自分に近づくことはできるのだということを、知っていただきたいと思います。

2章　自分を知るために〈人生の三角形〉を使う

私たちの人生が、正三角形でできていることが分かれば、自分以外の誰かを変えることがどんなに無駄な努力で、フォーカスすべきなのは常に自分自身だということが分かります。この「人生の三角形（愛の三角形）」については、リズも何冊かの本の中で触れ、先ほどの2種類の愛と同じく、スクールのベーシックな内容を学ぶ最初のワークショップ「BE YOURSELF」で必ずお伝えしている大切なことの一つです。

リズは、この三角形について、このように説明しています。

「この、優れたツールである三角形を使って、あなたは自分を発見することができます。つまり、自分が、どれほど自分自身を受け入れているか、どれほど自分自身を受け入れていないか、を知ることが可能となるのです。三つの辺はどれも同じレベルであり、どれかのレベルが他よりも突出しているということはありません」

（『〈からだ〉の声を聞きなさい／増補改訂版〔以下すべて同じ〕』p334）

人生の三角形には、以下の三つの辺があります。

- 自分が自分に対して
- 自分が他人に対して
- 他人が自分に対して

この三つの「〇〇が〇〇に対して」は、愛する度合い、受け容れられない度合い、責めている度合いなどが、すべてまったく同じ度合い、同じレベルで成り立っているということを表しています。

〈人生の三角形〉

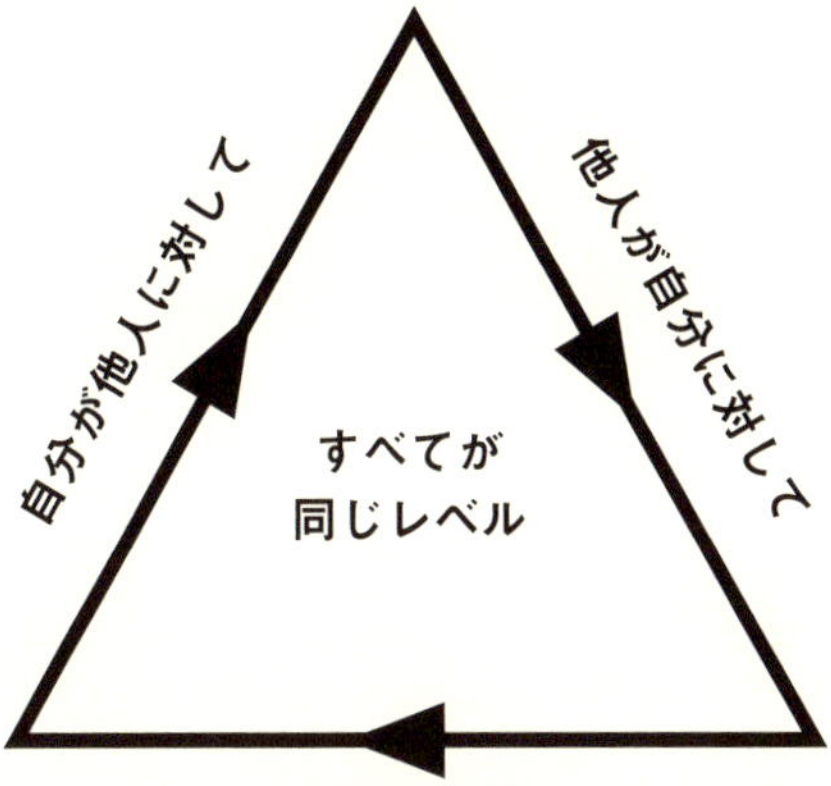

では、いくつかの例を挙げてみましょう。

私には、高校生の娘がいます。娘が2歳のときに離婚したため、シングルマザーとして育てています。この娘が小学生だったとき、数年間、私の実家に預け、一緒に暮らさなかった時期がありました。

というのも、その直前に銀座のクラブでの仕事を辞め、新しい事業を手がけ始めていたのですが、それがなかなかスムーズに進まないストレスや、うまくいかない恋愛を抱え、精神も肉体も限界に達し、長く療養生活をすることになったからです。

2週間に一度、数日間の滞在というペースで実家に帰り、娘と会う生活が精一杯でした。あなたの周りにも、そのような人がいませんか？　あるいは、あなた自身が、そのような状況にいるかもしれません。

当時、同じ年頃の子どもを持つある女性に、「自分で子どもを育てないなんて無責任だ」と責められたことがありました。また、母にも同じように責められていました。

確かに、彼女たちの価値観からすれば、それが正論だったのかもしれません。そして、私も、以前の私であれば、この言葉にショックを受けたり、反対に、大いに抵抗して反論したりしたかもしれません。

しかし、そのときすでに私は、この「三角形」のことを知っていました。そして、このことを三角形に当てはめてみると、彼女たちから責められたことは、私が私に対して言っていることだと分かったのです。

自分以外の誰かに責められるということは、自分が自分を責め、罪悪感を持っているということを表しています。

人は、誰かから責められたときに、抵抗を感じます。しかし、あなたを本当に責めているのは、「ほかの誰か」ではなく、「あなた自身」なのです。

私は、このことがあって初めて、自分の中にある罪悪感に気がつくことができました。現在、娘は寮に入り、そこから高校に通っており、小学生のときと同じく、一緒には暮らしていません。でも、今は誰からも責められることはなくなりました。それは、私がもう罪悪感を持っていないということを表しているのです。

このことも、三角形に当てはめると、その理由がよく分かります。

「私が私の限界を尊重し、愛すること」
「私が他の人の限界を尊重し、愛すること」
「他の人が私の限界を尊重し、愛すること」

当時の私も、今と同じように娘のことを心から愛していました。しかしそれと同時に、病気になったことや新しい仕事のことなど、肉体と精神が自分のキャパをとうに超え、限界に達していました。

まるで「燃え尽き症候群」のように、前向きになることができず、気持ちを奮い立たせようとしても、からだが動いてくれない……そんな状態だったのです。

娘のことを心から愛してはいるものの、毎日の娘のケアに関して、良い母親であればできるであろうことが、まったくできない……。

そんな中、病気になってようやく自分の「限界」を認め、両親に助けてもらうことにしたのですが、今度はそのことに強い罪悪感を持ち、私の人生の三角形は、受け容れていないことと罪悪感の正三角形を形づくっていきました。

でも現在は、少しずつ自分の限界の声を聞くことができるようになったことで、自分に限界があることを許し、必要であれば相手にもそれを伝えるようになりました。

三角形を意識することで、罪悪感を感じる度合いも、かなり減ってきています。

次に、別の例を挙げてみましょう。

数年前、スクールに来たある女性は、旦那さんの暴力に苦しんでいました。そのような経験がない人にとっては、「そんな旦那さんとは別れればいいのに」と思うことでしょう。ところが、そんなに簡単なものではないのです。

彼女は、そういう男性であっても、誰かにそばにいてほしい、自分に関心を向けてほしいという、深刻な愛情不足を抱えていました。一方で、その苦しい生活から何とか抜け出したい、状況を打破しよう、とスクールで自分への愛について真剣に学んでいたのです。

彼女はワークショップの中で、担当した講師から「あなたは、同じだけ、自分自身に対して暴力をふるっているのですよ」と言われ、とても驚いた様子でした。つまり、彼女にとってこの問題は、単なる「相手との関係」だけでなく、「自分自身との関係」である、ということを知らされたからです。

その後、彼女は、自分に愛をあげるとしたらどうするかを考え、最終的に、その旦那さんとは別居するという状況を選びました。

確かに、結果としては「相手と別れる」ことになりました。しかし、単にその問題から「逃げる」ことで別れを選択したのではなく、「自分を愛する」ために「相手と別れる」ことを、しっかり「意識して」決断したのです。

この二つの大きな違いが分かりますか？

あなたがこの世に生まれてきたことには、すべて意味があります。そして、自分自身で選んだこの人生の中では、数々の難問に直面することもあるでしょう。そんなとき、この三角形に当てはめて考えてみてください。きっと、今まで気がつかなかった自分を発見するはずです。

この三角形は、このように、自分が自分をどう扱っているのかを知るために、そして現在の自分はどんなところを受け容れられず、どの程度自分を愛せているのかを知るために、他の誰かがヒントを与えてくれる、とてもいいツールです。

私たちは、自分の望んでいるものが手に入らないとき、つい相手を変えたくなったり、自分の思う通りに相手や状況をコントロールしようとしたりしてしまいます。

その結果、時々は、相手を変えること、コントロールすることに成功するかもしれません。しかし、実はそれは一時的なことで、結局は失敗に終わり、フラストレーションを抱えることになるのです。

人を変えようとしたり、コントロールしたりすることは、人間らしい当たり前のことです。でも、この三角形を知っていると、まず変えていけるのは「自分が自分に対して」の部分だということが分かってきます。

そして、それがどれだけ変わったかによって、「自分が他人に対して」と、「他人が自分に対して」の部分が、自動的に同じ度合いで変わっていくのです。

このように、他人は自分の鏡だということを理解することが、状況を変える一番の「近道」なのです。

3章　両親との関係を見つめ直す

先の2章では、私と娘との関係を例に挙げましたが、スクールでは、今の自分を形成した根本になるものとして、両親との関係をとても重要視しています。

女性であれ男性であれ、人間は誰しも「女性原理」と「男性原理」の両方を、みずからの内に備えています。東洋では、古くから女性原理を「陰」、男性原理を「陽」と表現していますので、私たちにはこちらの方が馴染みがあるかもしれません。

「陰」である女性原理は〈感情体〉と結びつき、人間の非合理的な側面を担《にな》っているのに対して、「陽」である男性原理は〈精神体〉と結びつき、人間の合理的な側面を担っています。もう少し具体的に説明すると、

・女性原理＝受動的

創造性、自発性、美、感覚、優しさ、芸術、音楽、受容性を司《つかさど》る。

内面化、統合、融合、調和を目指す。

・男性原理＝行動的

理性、力、勇気、大胆さ、根気、意志、分析力、リーダーシップ、論理を司る。

行動、分離、差異、個別化を目指す。

このような特徴があり、心の調和を得るには、両方の原理が内面で統合される必要があると説きます。あなたが同性、また異性とどのようにつきあっているかは、あなたの内面で両性がどれほど統合しているかによって変わってきます。そして、このことは、あなたと両親との関係に深く関係し、それがベースになっています。リズは、長年スクールで教えている中でこのことに気がついたそうで、以下のように説明しています。

「現在、もしあなたが女性原理を受け入れられないとしたら、それはあなたにとって最初の女性のモデルとなった人――母親であることが多いですが、別の女性であることもあります――を受け入れられなかったからなのです。

あなたが男性原理を受け入れられないとしたら、あなたは父親との問題をまだ解決していません。

〈ETCセンター〉で一二年間教えてきて分かったのは、父親と母親のうち、私たちがより多く受け入れていると思っている方が、実は私たちが受け入れられずにいる方である、ということでした。

その理由はとても単純です。私たちは、自分がその親を愛してこなかったという事実を糊塗《こと》するために、その親をより愛していると思い込むのです。そのため、絶えずその親が良い親である理由を探しては、それを自分に言い聞かせます。

私たちは、小さい頃に感じた失望によって親を裁くようになった、ということが自覚できるようになるには、かなり集中的に内省をしなければなりません。父親に失望した子どもが、自分の中に作られた男性像に不快感をもつことはきわめて自然なことです」（『〈からだ〉の声を聞きなさい2／新装版〔以下すべて同じ〕』p375）

スクールの基本メソッドである「BE YOURSELF」のワークショップを受け、私が最初に直面した「恐れ」、「心の傷」は、両親との関係によるものでした。大人になり、忘れたと思っていたことは、忘れたのではなく、その記憶を思い出すことが怖くて蓋《ふた》をしてしまっていたのだということに気がついたのです。そして、深く、深く、自分の心の声を聞いていくうちに、一見両親とは関係のないことのように思っていたことが、すべて父親への失望、母親への恨みと繋がっていたことが分かったのです。

ここで、私と両親との関係をお話しするために、生い立ちを含め、改めて、少し詳しく自己紹介をしたいと思います。

私は、美しい北アルプスをのぞむ町に、三人きょうだいの長女として、サラリーマンの父と、専業主婦の母とのあいだに生まれました。本当は、私が生まれる前に兄がいたのですが、生まれてすぐに亡くなってしまったため、両親からすると、私は「待望の子ども」でした。

口数が少なく内向的な父に比べ、母は美しく華やかで、並はずれた行動力とバイタリティを持つ、とても気性の激しい人でした。

教育熱心な母からは、常に「優秀な良い子」であることを求められました。ただ、自分でも特にそのことに疑問を持つことはなく、いま振り返ってみても、私の子ども時代は「優秀な良い子」だったと思います。それが当然のことだったからです。

そうした中、学校の勉強や運動はもちろん、6歳のときに自分が望んで習い始めたピアノは、いつしか私の「上手になりたい」という想い以上に、母の「期待」が重なり、ピアニストを目指すスパルタ教育となりました。そして、それは17歳まで続いたのです。


母はプライドが高く、他人からの評価をとても気にしました。特に、子育てに関しては本当に厳しい人でした。よくヒステリーを起こし、気に入らないことがあると、物や子どもも、特に長女である私に当たり散らし、私は母から何度殴られたか分かりません。

その時々、母の中に湧き起こる、マグマのようなフラストレーションを、私を殴ることで発散させているのだろう……。子どものころ、私はいつもそう感じていました。

実際、深刻な身の危険を感じることが何度もありました。それでも私は、母の期待に応えるのが当然だと思い、必死に練習を続けました。学校のテストで100点をとる、先生に褒《ほ》められる、ピアノのコンクールで賞をとる……。すべては、「頑張っていれば、いつか母に認めてもらえる」と信じていたからです。

私が子どものころの数年間、父が単身赴任で家にいない時期がありました。そのころから、母の虐待はエスカレートし、暴力はどんどんひどくなりました。ある日、いつものようにピアノの練習中に横からぶたれた際、当たりどころが悪く、鼻血が楽譜に飛び散ったことがありました。それを見た母は、

「そんな、血が出るほどは叩いてないわ!!」

と、信じられない捨てぜりふを吐いて部屋を出ていきました。

出血するという事態の大きさに母自身がいちばん動揺し、まるで、自分に対して「たいしたことはしていない」と、言い聞かせているようでした。

そのとき初めて、私は母に対して殺意を持ちました。それでもどこかで母を慕い、良い子を演じ続けていましたが、高校2年生でついに反抗し、音大に進学する、しないで、初めて母に逆らいました。

高校卒業後は、美容の専門学校に進学するため上京しましたが、美容関係の仕事につき

たかったのではなく、とにかく母から逃げ、家を出たい一心でした。

そして、アルバイトでイベントコンパニオンの仕事をしているときにショッピングに出かけた銀座で、高級クラブのホステスにスカウトされました。23歳のときのことです。

イベントコンパニオンもそうでしたが、銀座のクラブはさらに女どうし、力と力がぶつかり合う勝負の世界。元来が負けず嫌いで、ある意味、ピアノの訓練によって、目標を達成するにはどうすべきかを察知する「知恵」と「根性」を持ち、どうすれば相手に「勝つ」ことができるかを肌で分かっていた私は、その雰囲気に自然と闘争心をかき立てられ、初日から残業を求められる働きをしたほどです（笑）。そのうえ人見知りをしない性格で、まるで水を得た魚のように仕事に夢中になりました。

いま思えば、この時期、私は自分の内側にあるすべてのパワーとつながっていたように思います。それほど当時の私は、毎日を楽しく過ごしていたのです。

社会的に成功した経営者などと対等にコミュニケーションすることや、自分の才能や能力が思い通りに発揮されて、どんどん売り上げが上がっていくことをとても面白く感じ、毎日、出勤する前の夕方が来るのが楽しみでした。

銀座で働き始めて3年目にナンバーワンになり、その後は4年間、ずっとそのポジションをキープできたほど、ホステスは私にとって天職だったと思います。


娘は、銀座で働き始めて2年目に生まれました。25歳と若く、体力、気力ともに充実していた私は、産後4カ月でクラブの仕事に復帰し、子育ても、ホステスの仕事も、楽しんで両立していました。結局、娘の父親との結婚生活は1年半しか続きませんでしたが、シングルマザーになっても特別困るという意識はなく、仕事を続けたのです。


離婚から2年後、ひと回り年上の起業家と出会いました。彼はこれまで会った誰よりもダイナミックで、次第にその人柄に惹かれていきました。

彼とつきあうようになると、彼は私に、銀座の仕事を辞めることを求めるようになりました。ただ、私は充実した銀座の仕事で毎日が本当に楽しく、心から満足していましたし、時間をかけ、努力して勝ち得たポジションをすぐには捨てることができませんでした。

そして、彼とのあいだで、仕事を辞める、辞めないの壮絶なバトルを2年近く繰り返したあと、ついに私は彼の望んでいることに折れ、クラブの仕事を辞めることにしました。そして、その翌年に、あの「めまい」に襲われたのです。

いま思うと、倒れる2カ月前から、すでに前兆がありました。「ウィーン」という耳鳴りがするような気がしていたのです。ただ、常時するわけではなかったので、特に気にしていませんでした。

救急車で病院に運ばれ、入院することになったときも、一番に思ったことは「これで休める……」ということでした。常に優秀であることを自分に課し、がむしゃらに突き進んできた自分の人生を、やっと止められることへの安堵感の方が大きかったのです。

ところが、当初、少し休めば良くなると思っていた耳の不調は、何カ月たっても改善されませんでした。原因も分からない……。不安ばかりが大きくなっていきました。

そんなときに出会ったのが、リズの本とワークショップだったのです。たまたま参加したのが、日本で初めてETCスクールのカリキュラムが本格的に始まるタイミングだったことは、本当に幸運でしたし、いま思うと、見えない糸に導かれた「必然」だったのだと思います。

それから4年かけて19個のプログラムを学習し、日本での第1号卒業生として、講師とカウンセラーの資格を取得することになるのですが（現在は13個のプログラムを2年で修了）、その最初のワークショップ「BE YOURSELF」で取り組んだ「無自覚だった自分の側面に気づき、意識的になる」メソッドは、私に相当な衝撃を与えました。

これまでの人生を振り返り、自分の内面を深く見ていくにつれ、両親との関係が如実に私の生き方に影響していることが分かったのです。

「生きていくことへの不安。生きるって苦しい――」

常に一番であること、優秀であることを自分に課し、常にポジティブに前進していると確信してきた自分の心の底には、こんな思考があったのです。

18歳で家を出てからも、私はずっと母を憎んでいました。虐待を受けたことはもちろん、感情の起伏の激しい母を見て育ったことで、「ああはなりたくない！　私は絶対に穏やかな女性になりたいんだ！」と、母の性格を非難していました。

こんな人にはなりたくない！と思えば思うほど、そのなりたくない人になっていく、という事実を、私はまだ知らずにいました。ただ、本当は、娘が生まれ、自分が母親になったころから、少しずつ母の気持ちを理解できるかもしれないと思うこともあったのです。

夫が単身赴任で心のよりどころがない専業主婦として、いちばん手のかかる時期に３人の子どもを一人で育てていた母……。スクールの教えに従い、内省すればするほど、母の重すぎる負担を理解している自分がいました。そして、実は母よりも、父への失望の方が深刻だったことが、のちになって分かったのです。

いつだったか、大人になってから、父に母の暴力を知っていたか、聞いたことがありました。父は「まったく知らなかった」と言い、とても驚いた様子でした。

母との関係があまりにも密接で、父とは子どものころ、まともに話した記憶もなく、父の存在は、私にとって遠いものでした。ですから、そのときも、特に怒りが湧くということはありませんでした。

それが、「2種類の愛」、「人生の三角形」とワークを進めるに従い、本当は父に、母から守ってほしかったという「期待」

でも、守ってくれなかったという「失望」

だったら、私には元から父はいないんだと思い込む「決断」

私の人生を邪魔さえしなければいいという「あきらめ」

さらに、「この世に、私の味方は誰もいない。守ってくれる人は誰もいないのだ――」

そのように、ずいぶん小さなころから考えていたことに、気づかされたのです。

幼少期の自分は、父がいると思えば「守ってほしい」と期待してしまう……。期待すれば、あとでがっかりする。がっかりするくらいなら最初から、私を保護してくれる父などこの世には存在しないのだと決めてしまえばいい。

そんな決意をした私は、真っ暗闇の中、一人で孤独を味わい、それでも「もしかしたら父が助けに来てくれるかもしれない」と、ずっと父を待っていた……。そんな幼少期の自分を、20年ぶりに客観視することになったのです。

そして、そういった父との関係から生まれた「決意」や「失望」が、大人になってからの異性との関係に如実に表れていたことにも気がつきました。

私のことを何よりも一番に考えてくれる男性を望んでいるはずなのに、結婚に向いていない野心家や、消耗する関係しか築けない既婚者ばかりを引き寄せたのです。

「お父さん、助けて!!」と言ってしまったら、母がさらに逆上するかもしれない。危険を声に出すと大ごとになってしまうから、父には私のSOSを「察して」ほしい。

こうして、「言わずに察してほしい」と思うことが、私の「パターン」になってしまっていたのです。

特に、異性との関係において、本当に自分が望んでいることは相手に言えないでいる自分。「恐れからの愛」の特徴である、「事前の取り決めがないのに期待を持つ」は、まさに私と父の関係そのものでした。

逆に、母のような強いコントローラー・タイプの女性に育てられたことは、銀座という女性どうしの勝負の世界では、ある種、うまくいく素質の一つになっていたことも分かりました。母の華やかさや行動力、バイタリティをしっかり受け継ぎ、それが銀座の仕事においては、長所となって生かされていたのです。

リズは、『〈からだ〉の声を聞きなさい』の6章「恨みと憎しみからの解放」で、

「大部分の親は、子どもたちが自分よりも豊かになり、幸福になることを望んでいます。そのために、しばしば、非現実的とも言えるような期待を抱いてしまうのです。過保護も、異常な厳しさも、根っこは同じです。いずれの場合も、親は子どもを自分の所有物だと考えているのです。親は、恐れれば恐れるほど、頭で愛するようになります」（『〈からだ〉の声を聞きなさい』p84）

と言っています。思えば、母は父子家庭に育っています。中学以降は祖母に育てられるなど、彼女もまた複雑な家庭環境に苦しんでいたのかもしれない……。一方、父も母子家庭で育っています。

私の両親は、それぞれ同性の親を知らずに育っている人間どうしです。母は家庭における母親像を知らず、父は同じく父親像を知らない……。

私が両親に失望したように、両親もまた、複雑な家族関係で育ったことで、両親、家族に失望したというベースがあり、親とはどんなものか、何をどうしてよいのかも分からず、それでも手探りで私たちを育てていたのではないか……。とても腑に落ちました。

「あなたが何を、どれくらい受け入れているかを自覚することは、あなたの両親、あなたの内なる男性、あなたの内なる女性を受け入れるプロセスを促進します。このプロセスが進めば、まわりにいる同性の人たちとも、異性の人たちとも良好な人間関係を結べるようになるでしょう」（『〈からだ〉の声を聞きなさい２』ｐ３７５）

リズのこの言葉に従い、私はまず両親との関係を棚卸《たなおろ》しすることを決断しました。両親との関係に多くの「恐れ」を持ち、両親を受け容れていない自分自身に、不調の根本があると確信したからです。

「愛とは、理解できなくても、また同意できなくても、それでも相手を受け入れる、ということです」（『〈からだ〉の声を聞きなさい』ｐ84）

両親に対して「恐れからの愛」ではなく、「真実・無条件の愛」で向き合ってみよう、まず私から両親に歩み寄ろう……。娘を実家に預けるようになったことは、18歳で家を出てから避けて通ってきた両親と、もう一度「向き合う必要がある」という、必然だったのだろうと思います。

4章　〈本当の責任〉とは何かを理解する

「2種類の愛」や、「人生の三角形」など、リズの教えのベースになっている考え方の一つに、

今、自分が選んだ反応や、自分が感じた感情は、すべて自分の責任である。

というものがあります。とはいえ、なかなかここまでの心境に至るには、時間がかかります。私ですら、まだ100パーセントこの領域には踏み込めていないと自覚しています。

例えば、ある人が私の感情を逆なでするようなことを言い、感情が乱されたとします。しかし、これは、「感情が乱された」という反応を選んだ私に、責任があるのです。

ただ、ここで勘違いしてほしくないのは、これは、自分が悪いという意味ではありません。カチンと来る反応を選んだ自分の責任なのです。

これを、私と両親の関係に当てはめてみると、私は、

「母の育て方が悪かった！　母が暴力をふるい、父が守ってくれなかったから、私の子ども時代は、あんなに悲惨だったんだ！　そのせいで、とても孤独で、寂しい思いをした！」

という怒りと悲しみの感情を、長年、心の底に持ち続けていました。ですが、この責任の概念によれば、私は、怒る自分も、孤独で寂しい自分も、自分で選んでいたことになるのです。

リズはいつも、「自分の人生は、常に自分に責任がある」と言います。もし、今の自分の人生に不満があったとしても、それは無意識に、自分が選んでいる道だと言うのです。

ただ、どんなに、自分の人生や生活に起きていることは、どこかで自分が考えていることが現実化しているのだと言われても、場合によっては、

「いやいや、自分には、いっさい否はないはず。どう考えても人のせいなのに……」

と、反論したくなる人もいることでしょう。誰だって、みずから進んで不幸な目に遭遇したいと望むはずはありません。

ただそれも、今は理由が分からなくても、実際には自分が引き寄せたことなのです。

直面する出来事をまず受け容れ、その責任を引き受ければ、必ず問題は解決できます。ふと、「この人に相談すればいいのではないか?」と思いついたりして、本当に実際に解決できるのです。

まず、「人のせい」にするという行為ですが、これは、人間としては当然、あり得ることです。なぜなら、私たちは完璧ではないからです。

ですから一度、気がすむまで「人のせい」にしてしまいましょう。すると、いずれどこかで、「人のせい」にしていてもまったくすっきりせず、同じような状況が繰り返され、自分の原因を見つめようと思うときがやってきます。

では、「自分のせい」なのかというと、それも違います。自分の責任はあるけれど、自分を責めるのは違います。自分の管轄下の責任なのであって、自分に非があるわけではないのです。リズの教えでは、自分の「責任」という概念が、まったく違うのです。

『〈からだ〉の声を聞きなさい』には、章ごとに〈エクササイズ〉という実践型の教えが書かれています。それを行うことはとても大切なことです。ただ、この「責任」に関しては、少し難しく、彼女の教えを勘違いしてしまうこともあります。

例えば、3章「人生における唯一の責任」には、このように書かれています。

「私たちの地上における唯一の責任とは、自分自身を進化させるということです。つまり、自分で選択をし、決意をし、そしてその結果をみずから引き受ける、ということなのです。

あなたは、誕生以来の自分の人生に全責任があります。『いや、そんなはずはない』と思うでしょうか？　でも、生まれる国を選び、両親や家族を選んだのは、実はあなた自身なのです。それは受け入れがたいことかもしれません。でもそれは責任ということを考えるための大前提なのです」（『〈からだ〉の声を聞きなさい』p39）

「あなたは、自分の人生の責任は完全に自分にある、ということを受け入れなければならないのです」（『〈からだ〉の声を聞きなさい』p40）

私は当初、この教えの、「責任」という言葉だけにとらわれてしまい、「すべて自分のせいだったんだ……」と自分を責めました。本当は、自分を責める必要など、いっさいないにもかかわらずです。

先に述べたように、両親との関係を見直し始めた私ではありましたが、母親から受けた精神的、肉体的な暴力で苦しんだのは、母のせいだという思い込みからは、なかなか脱却できませんでした。ですから、「あの両親を自分が選んだ」という事実も、当初は、とうてい受け容れることができませんでした。

苦しみから解き放たれたくて本を読み、ワークショップで勉強しているはずなのに、人のせいでなければ自分のせいだったんだと誤解し、自分ばかりを責めて、ますます苦しく、生きづらくなってしまったのです。これでは本末転倒です。

ただ、さらにワークを重ねる中で、それがまったくの勘違いであることを教えられ、やっと自分でも気がつくことができました。

人生を変えたければ、自分の人生の責任が自分にあることを受け容れなければなりません。その代わり、他人の人生の責任は当然、その人が取るべきなのです。「無条件の愛」の特徴にもありましたが、私と他人は違ってもいい。そのことをしっかり自覚することが大切であるとともに、「恐れからの愛」の特徴である「他者の幸不幸は自分に責任があると思う」と、たちまち罪悪感にとらわれてしまいます。

娘が実家で暮らし始めたとき、私はまだ、母のすべてを受け容れられてはいませんでした。ただ、「母は母、私は私。私が今、母を恨み続けていることに対して、母には責任がない」というところまでは、なんとか受け容れられていました。

そして、「子どもは、自分にとって課題となる父と母のもとに生まれてくる」という教えを、今度は自分の娘に当てはめ、私は、自分で自分の人生の責任を取らなければならないと、思い始めることができたのです。

娘が実家にいるようになったことで、父や母との会話が増え、次第に関係が近くなっていきました。娘という存在が架け橋となり、少しずつ、ほどけていったのです。

改めて父と母に接する機会が多くなり、私が幼いころから両親を理想化してきただけで、両親もまた、欠点や弱点を持つ「ただの人」なんだと心から腑に落ちる瞬間がありました。その後、両親を「人間らしい人間」と見るようになったことで、両親への愛情が生まれ始めたのを覚えています。また、それは私が内面的な自律へと進み始めた瞬間でもありました。

あれから10年近くたちます。最近になり、私はやっと、自分の中に母と似ている部分があることも、受け容れられるようになりました。自分の中に、感情的になるところや、人をコントロールしようとする「恐れからの愛」があることを認められたのです。

「そんなに時間がかかるのか!?」と驚かれるかもしれません。ただ、やはり、からだの不調に表れるような根深い心の傷は、残念ながらすぐに解決することはできないのです。

こうして、少しずつですが、私は自分の人生の責任を引き受けることで、最大のネックだと思い込んでいた母との関係を、改善することができたのです。

5章

自分が持っている〈心の傷〉を自覚する

例えば、あなたが今、恋人から「今度の週末、一緒にご飯を食べない?」と誘われたとします。でもあなたは、本当は、この週末は「自宅でのんびり一人の時間を過ごしたい」と考えていたとします。そんなときは、すぐにOKするのではなく、立ち止まり、本当にその日、自分は相手に会いたいのかを考え、そのときに、「休みたい」というニーズが強ければ、約束をする前に、自分の気持ちと対話しなければいけません。なによりも、まず自分のニーズを優先させるべきなのです。

自分のニーズを聞かないで相手の期待に応えることを優先し続けていると、結局その人との関係は、こじれてしまいます。

これが、「恐れからの愛」でも説明している「暗黙の期待」です。

リズは、誰しもが、心に傷を持っていると提唱し、それを「五つの傷」に分類しました。そして、それらの傷が根源となり、さらに傷つくことを恐れ、誰しもが、自分を守るために、それぞれの傷に対応する「仮面」をつけるのだと説きます。

この「五つの傷」という考え方は、リズの教えの中でも、とりわけ重要なテーマなので、リズはこのことに関して、『五つの傷』『五つの傷　癒しのメッセージ』という、２冊の本を著しています。

そうした「仮面」は、まず顔やからだに表れます。例えば、肌は、外界との境界の役目をしています。アトピーなど、原因不明の肌トラブルに悩まされている人は、「拒絶の傷」が深刻で「逃避の仮面」をつけている頻度が高いでしょう。もしあなたが、そのような症状に悩まされているならば、一度、自分が仮面をつけていないか、確認してみてほしいと思います。

癒されていない心の傷は、たとえ一度、その状況や人を避けられたとしても、また別の状況や人を引き寄せます。そしてそれは、本人が傷の痛みに到達して、自分の気持ちを愛をもってまるごと抱きしめるまで、続きます。

こうした傷の痛みは、なにも女性に限ったことではありません。男性も、女性と同じだけ、本当は感じているのです。ただ、女性に比べて、それを表現していないだけなのです。

では、まず、五つの傷とそれに対応する仮面の具体的な特徴を挙げていきましょう。

私たちはワークショップを通じ、これらの仮面にまず気づき、少しずつその仮面をはずしていくことが、とても重要だと考えています。そうすることで、本当の自分自身でいられることが多くなり、傷を長所へと転換していけるのです。

①拒絶の傷＝「逃避する人」の仮面

「私なんか……」と、口癖のように自己評価を低く言う人は、このタイプに当てはまる人が多いと思います。

- 小さく、薄っぺらい、ほっそりしたからだ
- 上半身が縮こまっていて、へこんでいるところがある
- からだの部位で小さい、細いところがある、一部が欠けているような部分がある（お尻、胸など）
- 弱々しい、消えそうな声
- 胸、背中、腹部などに、落ちくぼんだ部位がある
- 左右対称でない顔・からだ
- 目が細く、小さい
- おどおどした目、人と視線を合わせられない
- 目にクマ、黒い影がある
- 肌トラブルがある（アトピーなど）
- 黒、グレーなど、目立たない服装を好む
- O脚、X脚
- 存在感が薄く、その人がその場にいたかどうか、他人が思い出せないことがある

この傷は、自分の同性の親との関係でできるものです。または、同性の親の代わりになった人の影響を受けています。

この、拒絶の傷の仮面は、「逃避する人」ですが、逃避する方法は、いくつかあります。現実と自分を切り離せるもの、例えば、インターネット、携帯電話、ゲーム、テレビ、お酒やタバコ、甘いもの……など、現実逃避できるものを、人それぞれ持っています。人によっては、空想の世界に逃げ込むことで、現実から自分を切り離します。

スピリチュアルな学びをする人の中で、地に足がついておらず、物質世界に興味がなく、現実の世界でバランスが取れない人は、これに当たります。

この人たちは、自分のことを深いところで無能で無価値だと思っているため、人との接触をできるだけ避け、自分の置かれた環境の中で自分の居場所を確立することが難しいのです。

誰しも、五つの傷のうち、四つないし、すべてを、少なからず持っています。私自身に関して言えば、この「逃避する人」の仮面は、あまり多くありません。ただ、他のからだの部位にくらべ、手首が極端に細いという特徴が出ています。

たとえ本人が自覚していなくても、それぞれの仮面の人には、それぞれ恐れていることがあります。

「逃避する人」の仮面の人は、パニックになることを恐れています。

パニックになるかもしれないと少しでも予想できると、その場から逃げだします。

例えば、ワークショップでも、大勢の前で質問されて答える立場になるだろうと考えたとき、この人はパニックを予想して、それを恐れているうちに、本当に腹痛が起き、トイレに行ってしまうなど、周囲から見ると、とても分かりやすく、その場からいなくなるのです。

②見捨ての傷＝「依存する人」の仮面

このタイプは、分かりやすく言うと、典型的な「かまってちゃん」です。

・細く、長身で、活気のないからだ。全体的に「だらん」とした印象を与える
・筋肉が未発達
・なで肩、猫背
・腕が長すぎて、からだに沿って垂れている印象
・からだの部位が、しまりなく垂れている（胸、お尻、二の腕など）
・大きく悲し気な目をしている、あるいは、垂れ目
・いつも泣いているような目
・子供っぽい声、不満げな口調で話す。特に「自分のかわいそうな話」を好む
・人やモノに、しばしば寄りかかる（物理的な支えが必要）
・ダブダブの垂れ下がった服を好む
・よく愚痴を言う
・肌が、ふにゃふにゃと柔らかい

この傷は、自分の異性の親との関係でできます。あるいは、異性の親の代わりをしてくれた人との関係によってできます。

何かが起きたときに、子どもの側が、その出来事によって異性の親に見捨てられたと感じたことが、原因になります。

つまり、異性の親からの、愛情面での支えが充分ではなかった、愛情表現が冷たかった、自分の期待した愛情ではなかったという苦しみでできた傷です。

私の場合、「依存する人」の仮面は、長い腕に表れています。


この傷を持つ人は、「依存する人」という仮面をつけます。彼らは、身近な人たちから関心を向けられ、支援され、助けてもらうことを常に求めています。本当に望んでいることがあっても、一人で成し遂げることはできないと信じています。特に、自分のパートナーへの依存傾向が見られます。

例えば、私の場合、新しく何かを始めたいときに、それが一人でもできるかどうかを確かめる前に、誰か一緒にやってくれる人を求める傾向があります。

他人の関心を引きたい、注目を浴びたいと考えるタイプなので、自然とそのような職業に就くこともしばしばです。例えば、芸人さんなどは良い例です。

ワークショップの会場でも、このタイプの人たちは、休憩のたびに主催者である私のデスクにやってきて、話をしたがります。彼らは常に、関心を引きたい、注目が欲しいと感じているのです。それほどまでに、欲しい愛情が不足していたと子どものころに感じていたのです。

もう、ずいぶん昔になりますが、ワークショップ参加者の自己紹介のときに、単なる自己紹介を飛び越え、自分のつらかった人生を語り始めたある参加者がいました。

それを聞いていた日本人の参加者は、その話を聞くことに嫌気が差しつつも、それを止めることはしませんでした。しかし、リズはばっさり「今は、あなたのかわいそうな人生を聞く時間ではありません」とシャットアウトしました。

その人は、そのとき「依存する人」の仮面をつけていたことがよく分かります。

そして、それを指摘したリズの行動は、そのことを彼女に自覚してもらう、という意図があってのことでした。

このようなタイプの人たちは、どんな話題でも、気がつくと自分の話になっていて、特に、自分のかわいそうな話をしたがります。そんなとき相手は、このタイプの人たちに、自分の話を「取られた」と感じるでしょう。

このタイプの人が最も恐れていることは孤独です。自分の望んでいることよりも、何より孤独になることを恐れています。

一人きりになることを極力避け、もし一人きりの場合でも、テレビをつけっぱなしにするなど、他の存在を感じられるような工夫をします。

それ以外にも、時間があるとすぐにＳＮＳで誰かとつながろうとしたり、孤独を避けるために愛人がいる夫を黙認したり、明らかに別れた方が良いパートナーであっても、自分から仲直りのきっかけを作ってしまったりします。

③侮辱の傷＝「マゾヒスト」の仮面

このタイプの人たちは、人を救うことが大好きです。自分が犠牲になり我慢をすることが当然で、相手が幸せを感じることを望みます。

・まるまるとした太りかたをしている
・ウエスト部分が短い印象を与える
・丸顔でオープンな感じがする
・大きく、丸く、見開かれた、子どものような無邪気な目
・首が太い
・背中の上部が盛り上がっている
・からだの一部が丸い（鼻、顔の輪郭、腕など）
・からだの曲線を強調するような、ぴったりとした服装を好む
・甘い、官能的な声
・洋服やネクタイなどに、よくシミをつける

この傷は、3歳くらいまでのあいだに、からだのケアをしてくれた人との関係でできます。両親や、両親の代わりになった人との関係に由来し、幼少時代に、五感の喜びを感じたことを親に侮辱され、苦しんだことが原因になっています。

親の抑圧的な態度によって、その子どもの自由が制限されたことも深く関わっています。

このような子どもは、「マゾヒスト」の仮面を発達させていきます。誰に対しても親切で、自分のことを犠牲にしてでも人の役に立ちたい、人助けをしたいと思います。

他人が苦しんでいるのを見ると、自分の身に起きた不幸な話をしたり、「私なんて、もっとひどいのよ」などと、自分の方が、より不幸だと言わんばかりに自分の価値を下げたり、おとしめたりします。

自分の深いところでは「自由」になりたいと望んでいますが、「自由」になったら、やりすぎてしまうと恐れているため、自分に自由を与えず、自分から自由を奪うために、とことん他人に尽くし、とても忙しそうにすることに満足します。言い換えるならば、「人を助け、幸せにすることに依存している」とも言えます。

ちなみに私は、「マゾヒスト」の仮面を持っておらず、からだの特徴にも、一つも表れていません。日本人においては、この傷を持った人は、比較的少ないと思われます。

この傷の特徴に挙げた、「自分を犠牲にしてでも人の役に立ちたい」と考えるタイプの方の中で、それが「良い人間、正しい人間であるから」という動機の場合は、「マゾヒスト」

の仮面ではなく、後に説明する「不正の傷」に由来します。

④裏切りの傷＝「操作（コントロール）」の仮面

このタイプの人はパワフルで、カリスマ性があり、リーダーや経営者に多く見られます。

- （男性の場合）強さやパワーが上半身から、にじみ出ている
- （男性の場合）腰幅よりも肩幅の方が広い
- （女性の場合）肩幅よりもヒップの方が広く、力強い
- （女性の場合）お尻や腰にパワーが集まっている

- 筋肉が発達していて、ガッチリとした印象
- 声が大きく、よく通る
- 胸部が突き出ている
- 筋肉質で強い脚をしている

- たとえ体重がオーバーしていても、太っているのではなく頑丈そうに見える
- お腹が出ている傾向がある（特に男性）
- 人が魅了されるような、強く、魅惑的な視線
- 派手な色、目立つ服装を好む

この傷は、異性の親との関係でできます。幼少時代、ある出来事を通して、異性の親が自分の期待に応えてくれなかったことに失望し、苦しんだことが原因になっています。愛情面で裏切られた、コントロールされたと感じ、その親に対する信頼をなくしました。異性の親が、親としての責任を果たさなかったことを非難しているのです。

ある出来事を「見捨てられた」と解釈した「見捨ての傷」のタイプと違い、こちらは「裏切られた」と解釈します。

子どものころ、異性の親に、利用された、嘘をつかれた、誠実でないことをされた、約束を破られた……と感じたことが、傷になっているのです。そして、彼らは「コントローラー」の仮面をつけます。

皮肉を言うなどして相手を責め、怒鳴りちらしたり、強烈に攻撃したりします。強い個性を持ち、他の人よりも特別な存在で、重要な人物になりたがります。そして、名前の通り、人、状況を自分の思い通りにコントロールしたがるのです。

また、巧妙にコントロールするため、相手がそれに気づかないことも多々あります。

私の場合、コントロールの仮面は、目に出ています。ワークショップ「五つの傷」で、仮面ごとのからだの特徴を学ぶときに、「コントローラーの人の目は、ハルナのような目だ」と、例に挙げられたほど、特徴的なのだそうです。

おもに仕事上においてですが、確かに、相手が異性の場合、私の思う通りに仕事が進むように相手を褒め、巧妙にコントロールすることもあるなと自覚しています。

私がまだ、「五つの傷」を知らなかった20代のころ、最も強く表れていた仮面は、このコントローラーの仮面でした。お客さんを惹きつけ、コントロールすればするほど、売り上げが上がっていく……当時働いていた銀座のクラブは、コントローラーの仮面をつけた私にとって、絶好の環境でした。

現在は40代に入り、男性をコントロールする場面は、ほとんどありません。そして、環境が変わると同時に、私の体型も変わっていきました。

20代の私は、コントローラーの仮面の特徴である、力強い腰回りをしていました。それが、現在の体型では見られなくなっています。

このように、いま現在、どの仮面が強く表れているかは、現在の顔と体型に出るのです。

彼らに自覚はありませんが、このタイプの人たちが最も恐れていることは、人との「別れ」です。それが何よりも怖いため、すべてを支配しようとするのです。ただ、その支配しようとする言動こそが、最も人が離れてしまう原因になっていることを知らずに……。

そのため、いちばん人との別離を経験しやすいタイプです。しかし、実際に恐れていたことが起きると、すべてを人のせいにします。

⑤不正の傷＝「頑固」の仮面

有能で完璧主義者が多く、一見、なんの問題もないように見えるタイプです。ただ、内面の話や気持ちに関する話題がとても苦手で、自分自身も自分の「気持ち」と切り離されています。飲食店などでも、きっちり割り勘にこだわるなど、不公平なことに嫌悪感を抱きます。

- 完璧に近い、均整の取れたからだ。スタイルが良い
- まっすぐな姿勢をしている
- 肩が四角い
- からだ全体や脚、首、背中などが、こわばっていて固い
- 動きがぎこちなく、不自然
- ウエストが細く、ベルトできっちりと締めつけた服装を好む
- 頭の先から爪の先まで、手入れが行き届いたセクシーな外見
- 顎を噛み締めている
- お尻が丸く、出ている
- 明るく、色つやの良い顔色
- 目が澄んでいていきいきと輝いているが、仮面をつけた際は、レーザービームのように鋭い目になる

・乾いた声で早口
・感情の話を、いっさいしない

この傷は、同性の親との関係でできます。幼少時代に、同性の親から冷たくされたことに苦しみ、自分を表現できず、自分らしくいることができませんでした。その冷たさや、苦しみから自分を守るために、感受性を自分から切り離し、完璧であることを自分のルールと課したのです。

自分の限界を超えてまで頑張り、ポジティブであろうとし、自分をコントロールし、完璧であろうとする。

自分や他人が持つ理想像に、常に近づこうとします。ものごとは何でも知識や行動で解決できると思っています。一方で、幼いころに自分の感受性、気持ちと切り離されているために、他人と親密な関係を築くことを苦手としています。

誰かと親密な関係を築きたいなら、自分が考えることや思うことではなく、お互いの「気持ち」を伝えあい、分かりあう必要があるのです。

また、からだを大切にしないで、すぐに自分の限界を超えてしまうため、病気になっても、なかなかそれを認められません。

彼らの基準は、内面で何が起きているかではなく、行動こそが大切なのだと信じています。自分への要求が高く、素晴らしい結果を出したがります。いったん終えた仕事でも、何度も見直し、不完全な部分がないかを非常に気にします。

私の場合、全身のほとんどに、この仮面の特徴が表れています。初めてワークショップに参加したときも、この仮面の身体的特徴を教わる際、他の生徒への見本として、全員の前に立たされたほどです。

確かに、何かトラブルが起きたとき、私が始めにすることは、「そのとき、どういう気持ちになったのか」を感じることなく、即、解決策を考え、行動に移すことです。

これが、頑固の仮面の特徴なのです。

不正の傷を癒すためには、自分の感受性、気持ちを取り戻さなければいけないのですが、私のように、何も感じずにすぐに解決のための行動に走ることは、たとえ仕事上は有能であっても、いつまでも傷を抱え、頑固の仮面をつけたまま生活することになるのです。

この「頑固」の仮面の人は、公平、公正であることを重んじています。例えば、お金であれ、地位であれ、幸せであれ、人と比べて多く受け取ることも、少なく受け取ることも好きではありません。特に、人より多く受け取ることに罪悪感を感じます。

ですから、表面上は成功を望んでいながら、この仮面をつけた人は、みずから無意識に成功へのチャンスをぶち壊すような出来事を引き寄せてしまいます。無意識下においても、人より多くもらうことを拒んでいるのです。

幼少期に感情に蓋をし、完璧であろうと決意して生きてきたこのタイプの人は、他人からすると、冷たい人に見えます。

自分の気持ちと切り離された人は、行動レベルで完璧であったとしても、人間としてはとても冷たく感じるものなのです。

それなのに、「頑固」の仮面の人は、何よりも人の冷たさを恐れます。相手のそっけない態度、冷たい態度を非常に気にします。

この人たちが何よりもしなければいけないことは、自分には限界があり、弱さや欠点もある、ということを認めること。そして、自分の気持ちを取り戻し、人間らしくあることなのです。

行動が完璧なので、これが傷だということに気がつきにくいのですが、実は、ワークショップに参加する人の多くは、このタイプに当てはまります。なぜなら、ある種、自分に完璧を求める、まじめな人ほど、自発的にワークショップに参加するからです。

＊　＊　＊

いかがですか？　きっとあなたにも思い当たるふしがあるのではないでしょうか。

リズは、この「五つの傷」について、このように言っています。

「心の傷というのは、たとえばあなたが指に受けた傷とまったく同じなのです。あなたはその傷をしっかりと手当てせず、ただ単に絆創膏《ばんそうこう》をまいただけです。そして、まるでその傷がないかのように振る舞っています。その傷を見たくないのです。仮面とい

うのは、ちょうどこの絆創膏のようなものだと考えればいいでしょう」（『五つの傷』p17）

「傷を受けた指には絆創膏をまいてありますが、それでも、だれかがそこに触れるたびに、その傷は傷みます。誰かが愛の思いからあなたの手を取ったとしても、あなたは『痛い！』と叫ぶことになります。その時の相手の驚きたるや、いかばかりでしょうか？　その人は、あなたに痛みを与えようなどとは夢にも思っていないからです。あなたが傷を治そうとしなかったがゆえに、誰かがあなたの指に触れるたびに、あなたは苦しむのです」（『五つの傷』p17～18）

まず、自分の傷と、それによってできる仮面に気づく。それが、自分を知り、幸せを手に入れる第一歩になるのです。

6章　仮面をはずして〈本当の自分〉を取り戻す

私は、スクールで初めて「五つの傷」を教わった際、これまで自分の恋愛がうまくいかなかったことの原因がこの傷にあることが分かり、とても腑に落ちました。

お互いが強い「裏切りの傷」を持ち、「コントロールの仮面」をつけた者どうしだったことが多かったからです。

例えば、3章でも触れましたが、当時おつきあいしていた経営者の彼は、私が働かないで家にいることを望み、のちに実際そうしました。

だからといって、彼ができるだけ早く家に帰ってくるようになったかといえば、そんなことはなく、相変わらず、飲みに行ったり遊びに行ったり……午前0時前に家にいることは、稀《まれ》なことでした。

次第に私は、彼に早く家に帰ってきてほしいと期待して待つようになりました。私が続けたかった仕事を辞めてまで、彼の希望に応え、私が折れたのだから、相手も私の希望に応えるべきだ。そう考えるようになりました。

ただ、それをきちんと相手に伝えたことはなく、心の中で「私のことを愛しているなら、彼は私の望みに応えるはずだ」という、暗黙の期待が膨らむばかりで、どんどん苦しくなりました。

また、こんなこともありました。彼は出張が多い人だったので、ときどき夜遅く、空港まで迎えに来てほしいと頼まれました。いま思うと、忙しい中で、少しでも一緒にいられる時間を増やそうとしていてくれていたのかもしれません。

ただ、私は、夜中に空港に迎えに行くことを、どんな時間に呼び出されても迎えに来てくれる、「都合のよい、お手伝いさん」のように利用されていると感じていました。

もちろん、彼にそんなつもりはまったくないのですが、仮面をつけた状態では、自分の「恐れ」を通してものごとを見るため、真実を歪めてしまうのです。もし仮面をつけていなければ、「行きたくない」「できない」と、単に答えるだけなのです。

私を含め、人は、自分のニーズを聞かず、相手の期待に応えてばかりいると、フラストレーションが溜まるものです。

男女関係に限らず、親子、仕事の同僚など、人間関係のトラブルのほとんどは、この暗黙の了解、相手への同意なき期待から起こります。

特にカップルの場合、傷の程度が似ている者どうしが惹かれあうことが多く、お互いの傷が深ければ深いほど、暗黙の了解、相手への期待が大きくなります。

私の場合は、「裏切りの傷」によって、かなり強固な「コントローラーの仮面」をつけていました。相手の了解のない期待をし、それが現実化しないことへの不満が、より相手をコントロールしようとする方向に向かう、という悪循環を続けていたのです。

「察する」という文化は、日本人の美徳でもあります。ですが、実は、もめごとの多くは、この、はっきりと明確でないコミュニケーションから始まっているということに、気がつくべきでしょう。

もちろん、察することが良いときもあります。ただ、グローバルな社会になり、携帯電話やメール、ＳＮＳなどのコミュニケーション・ツールが急速に発達している現代では、必ずしも「察する」ことを優先すべきでない状況が、増えてきているように思うのです。

私は、日本の主催者として7年ほどスクールを運営してきましたが、受講者の95パーセントは女性です。ですから、自分の役割は「女性たちが望んでいる生き方に気づき、それを後押しすること」だと思っていました。今でもその気持ちに変わりはありません。ただ、徐々に、自分の持つ力の半分しか出せていないような気がしてきたのです。

というのは、3章でご説明したように、私の中にある「女性原理」と「男性原理」を両方高め、調和させていかなければ、私の人生がアンバランスに進んでいく気がしたからです。

主催者を始めてからの私の周囲を見渡すと、男性が極端に少なく、私は女性とばかりコミュニケーションを取っていました。

また、このころから、私の中にある「男性原理」の反映として、男性との関係を調和させる必要があると考えるようになりました。そう考えていた矢先に、10年間慣れ親しんだ銀座というフィールドで「お店を出さないか?」と声をかけていただき、ミニクラブの経営も始めました。

このことが、私にまた、新たな「気づき」をたくさん与えてくれました。

男性のお客さまとの交流はもちろんですが、若い女性スタッフたちから学ぶことが多かったのです。


最近、メディアの報道やミニクラブのお客様たちからも、しばしば、

「新入社員が平気で残業を断る」

「上司が誘っても会社の飲み会に参加しない」

ということを批難する声を聞くことがあります。

果たしてこれは、そんなに悪いことなのでしょうか？　私のお店の若いスタッフたちは、はっきりと「残業はできない」と言います。最初は少し驚きましたが、自分のニーズを優先している彼女たちの方が、私も自分のニーズを言いやすいのです。

お互いに明確なコミュニケーションを取っているので、そこには「暗黙の了解」や「暗黙の期待」がありません。よって、トラブルが起きにくいのです。こんなところでも、リズの教えが役に立ちました。

また、外国人の友人たちと話をしていても、こうしたことを実感します。彼らの多くは、定時になると残業をせずに、すぐ帰ります。でも、日本ではまだまだ、自分の勤務時間や、仕事の範囲が明確ではない場合も見受けられます。そのため、

「上司が残業しているのに先に帰るとは何ごとだ！」

といった無言の圧力を「察する」ことが、しばしば求められるでしょう。

「期待していることを、はっきりと言葉にし、クリアにする」。「勤務時間や仕事の範囲を明確にし、お互いの合意を取りつける」。こういった欧米人の良い所と、日本人の長所である「慮《おもんぱか》ること」、そのバランスが重要ではないでしょうか。

相手に期待する、というのも人間としては当たり前のことで、期待すること自体が問題なのではありません。

「相手が約束していないこと」「同意していないこと」に期待しているときには、それに気づき、自分が相手に期待していることを相手に「伝える」。こういったクリアなコミュニケーションを心がけるようにすると、次第に人間関係は円滑になり、自分にとっても、

相手にとっても、快適なものになっていくことは間違いありません。

では、さらに「五つの傷」と、それに対応する「仮面」について、もう少し具体的に見てみたいと思います。

例えば、私の場合、「裏切りの傷」と「不正の傷」が強く、「コントローラー」と「頑固」の仮面を頻繁につけていました。

「コントローラー」は、往々にして有能で、自分を非常に自立した人間、自分は特別な存在であり、重要人物であると思っています。また、そのような扱いをされることを当然だと望んでいます。

かつては、私にもそういった部分があったと思います。また、当時交際していた相手も同じタイプだったので、お互いが「切り離されること」「関係を断たれること」を恐れ、いかに相手をつなぎとめるためにコントロールすれば良いか？を考えていました。それでは、コミュニケーションがうまく取れるはずありません。

私たちはお互い、パートナーや周囲の人が決して「そう扱います」とは言っていない、相手が約束していないにもかかわらず、特別な存在として扱われないと失望していました。期待を持っていたのは私であり、また彼であったのですが、相手に暗黙の期待をし、相手のせいにして、「私の本当に欲しいものをくれない」から、この人は私のことを愛していないのではないか、と思い込んでいました。

繰り返しになりますが、傷が悪いわけではないのです。そしてまた、仮面自体が悪いわけでもありません。ただ、仮面をつけると、本当に望んでいることの正反対の方向へと、人生を進めてしまうのです。

例えば、「拒絶による傷」で、「逃避の仮面」をつけている人は、誰よりも「受け容れられたい」と願っています。それなのに、自分には価値がないと思い込んでいるために、実際には自分が先に逃げてしまう。

望んでいることの正反対のことをさせるのが、「仮面」なのです。

ただ、傷が簡単に癒されないように、仮面もいきなり剥《は》がれることはありません。

むしろ、自分の自覚しないところでオートマティックに仮面がついてしまうことに、まず、気づくことの方が重要です。そして、それは、傷を自覚することと同様、とても難しいことでもあります。

仮面がついたことに気がつけるようになると、

「あ、いま自分はコントローラーの仮面をつけた状態になっているな。ふたたび苦しみたくないから、自分を守るために、こんな言動をしてしまっているのだな」

と、自分を客観視できるので、徐々に、仮面をつけていることを受け容れられるようになります。

こうした傷は、一生かかって癒していくものです。

リズですら、「裏切りの傷」と「不正の傷」が強く、いまだに仮面をつけることがある、と言います。それでも、年々、仮面をはずしている時間が長くなれば良いのだと、教えてくれます。

「あ、いま自分は仮面をつけてるな。仮面をつけちゃったけど、まだ傷が癒されてないのだから、そういうときもあるよね?」

と、受け容れられるようになると、とても楽になります。

ここまで何度も言っているように、人生の問題を作っている自分の傷、恐れ、仮面に気がついて認める。そして受け容れること。傷を癒すには、この作業を何度も何度も、繰り返すしかありません。

恐れや仮面は、あなたに「傷を認めることをやめなさい」と、ささやいてくることでしょう。それでも、認めた方が楽になるのだということを、絶対に忘れないでほしいのです。そして、それは実践しないと気がつけないことなのです。

リズは、日本人に最も多いのは、「不正の傷」＝「頑固の仮面」だと言います。しかし私は、日本の、特に都市部で働くということは、時として「頑固の仮面」を求められることと同義な場合があるように感じています。

例えばそれは、「仕事を完璧にこなせ！」「体調が悪かろうが、病気だろうが、限界を超えて働け！」「土日も働け！」「寝ずに働け！」といった風潮です。

私も例外ではなく、このことに直面しました。仮面に気づき、徐々に仮面がはずれてくると、そういった社会や組織のシステムに違和感が生じてきます。もう、自分に無理はさせない。限界は超えない。自分を大切に、自分を尊重した生き方をしたいと、強く願うようになるからです。

でも、今のところしばらくは、生活していくために食費や家賃を払い、洋服を買い、収入のために今すぐには仕事を辞められない、むしろ辞めることの方が限界を超えているということもあります。

そういう場合は、みずから選んで「頑固の仮面」をつけて乗り切る。そういった選択をすれば良いのです。そして、少しずつ時間をかけて、確実に自分を大切に、尊重して、自分の望む人生の方向にシフトしていけば良いのです。何ごとに関しても、恐れの限界の方も聞きながら、少しずつ進めていくことをおすすめします。

日本人に多いと言われる「不正の傷」は、４歳から６歳にかけて、同性の親とのあいだで発達する傷です。日本ではちょうど、保育園や幼稚園から小学校入学の時期にあたるので、初めて自我が生まれ、他者とのコミュニケーションが求められる環境に身を置く時期になります。

そういった中で、同性の親から冷たくされて苦しんだり、その親とのあいだで自分を表現することができず、自分自身でいられなかったと感じたりすると、感受性を自分から切り離し、完璧な振る舞いをルールとして自分に課してしまいます。

そして、本当の個性を表現することをブロックして、それが、「頑固の仮面」として身についてしまうのです。

私の主催するスクールの生徒さんに、A子さんというドクターがいます。

これは余談ですが、いつからか、スクールに医師、歯科医師、看護士、針灸師、介護士、マッサージサロンの方など、医療やそれに付随するお仕事をされている方が多くいらっしゃるようになりました。こうしたみなさんが口を揃えて言うのは、

「現代の医療では本当の治癒には至らない」

ということです。

日ごろから他者との密なコミュニケーションを通して、人の精神や感情、肉体に深く関わっている職業の方たち曰く、リズの教えは具体的なメソッドを仕事や日常に反映させやすいのだそうです。

〝論理的に、答えを自分の中から見つけ出す――〟

スピリチュアルなマインドを大切にしながらも、現実的であること。これは、一つ、私たちのスクールの特徴と言えるかもしれません。

さて本題に戻ります。そのA子さんが、私たちのスクールに興味を持ったきっかけは、『LOVE《ラブ》 LOVE《ラブ》 LOVE《ラブ》〈受け入れる〉ことですべてが変わる』というリズの著書を読んだことだったそうです。

彼女はドクターとして忙しい毎日を送る中で、ある日、勤務している病院を辞め、自分の好きな時間だけ仕事ができる勤務形態に変え、さらに家を購入するという大きな決断をしました。その際、親にいっさい相談せずに決めたと言います。

40代の自立した女性ですから、何も問題はないだろうと思われるかもしれませんが、A子さんは母親との関係にわだかまりがあり、そのことを解消するために、そういった行動を起こしたのだそうです。

働き方を変えたかったことの根底には、強すぎる「不正の傷」を癒したいという思いがあったのです。

過干渉な母親に相談せずに職場を変え、家を買うこと。これが、A子さんにとっては、母親との関係でできた傷を癒すことになり、母親から自律する良いきっかけになったのではないでしょうか。

私も母との関係に悩み「頑固の仮面」をつけていた一人ですので、A子さんが母親との関係を見直す決断をし、その決断が彼女の人生をいかに好転させたか、とても理解できます。

同じように、ワークショップに参加したことが、親との関係性を見直すきっかけになり、自分の傷や仮面を自覚したという人は、たくさんいらっしゃいます。

B子さんという主婦の方も、ワークショップの中で、父親からのコントロールをずっと我慢していたことに気がついたと言います。そして、それまでは共働きの兼業主婦として仕事をしていたことを見直し、仕事を辞める決断をしました。

B子さんは、「親の敷いたレールから、自由になりたい」という願望を見つけ、本来自分が「同時に二つのことをできない／両立できない」人間であることに気がついたと言います。

仕事をする自分と、妻としての自分を両立できない。自分の限界を超えた状態であることを、我慢して続けてしまう……それは、「頑固の仮面」の特徴です。

自分の中にある本当の「ニーズ」を見つけることで、それが行動の指針となり、30代後半になり、やっと両親から自律できるようになったそうです。

自分の本当に望んでいることは、仕事と主婦を両立することではなかったのに、親から長年期待されていた「社会人というアイデンティティ」に縛られ、「頑固の仮面」をつけて暮らしていたのです。

彼女の言葉で印象的だったのは、

「他人の仮面はよく分かるのに、自分の仮面はなかなか気がつけなかった」

というものです。

これは、本当にその通りなのです。ワークショップに参加することの意義として、「他者を見ることで自分を知ることができる」という点があります。

本を読んでいざ実践しようとしても、なかなか深い理解ができないことはよくあります。そういうときに、ワークショップに参加すると、他者を通して気づきを得られるのです。

次にご紹介する、C子さんという、デザイン関係の仕事をしている主婦の方も、

『LOVE《ラブ》　LOVE《ラブ》　LOVE《ラブ》　〈受け入れる〉ことで すべてが変わる』を読み、ワークショップに参加したことで自分の「不正の傷」＝「頑固の仮面」に気がついた一人です。

彼女は、当時つきあっていた恋人との別れから、対人関係に大きな恐れを持ってしまっていました。自分のことを分かってほしい、他者のことを分かりたい、という願いを持ちながらも、「人が怖く」なり、他者との関わりの中で「頑固の仮面」をつけてしまっていたそうです。

そこから、特に仕事をする上で、常に「完璧主義者」であることを自分に課し、何か問題があってもすべて自分ひとりで解決しようとしてしまい、逆にチームワークを乱すことが何度もあったと言うのです。

しかし、ワークショップでそのことに気がつき、「弱いところを見せてもいい」「他の人に頼ってもいい」という教えから、頑固の仮面をはずすことを学び、受け容れられるようになっていきました。

傷を認めることで、これまでのように自分にダメ出しをしながらも、他者に頼ることにも抵抗がなくなり、企画やデザインといった仕事の上でも、少しずつチームワークがうまくいくようになったそうです。

また、母親として、娘との関係で悩んでいたD子さんも、ワークショップの中で自分の「不正の傷」に気がつき、それによって、娘に対して「頑固の仮面」が出ていたことを理解した一人です。

「息子との関係は良好なのに、どうして同じように育てたはずの娘とは、うまくいかないのだろう……」

こうした子育ての悩みは、親であれば誰しもが抱くものです。ただ、その根本が自分に、また自分と両親との関係にあることに気がつける人は、なかなかいません。

私たちのワークショップは、まったく状況の違う人たちが、同じメソッドに取り組むことで、似たような問題を抱えていたことを共有できることにも、特徴があると思っています。そして、そこでその問題からできた傷を共有し、どうすればその傷を癒すことができるのか、自分でしか癒せないその傷を、客観的に見ることができる場所があることは、とても大切なことなのです。

もう一人、思春期から自分の感情に蓋をし、感じることをシャットアウトして生きてきたという「頑固の仮面」の典型のようなE子さんも、ワークショップによって「五つの傷」に気がつきました。

E子さんは、両親と兄が理系の専門職の家に育ちました。とても優秀だったE子さんは、本来の自分の願望やニーズに耳を傾けることなく、理系の大学に進学しました。

しかし入学後に、15年間蓋をしてきた自分の感情が、吹き出ものとして顔じゅうに噴出し、大学を中退せざるを得ないほどの体調不良におちいりました。そのときは原因が分からず、本当に苦しんだそうです。

E子さんはワークショップで、自分の傷が「不正の傷」であり、強烈な「頑固の仮面」をつけていることに気がつき、自分が本当は、感性を使う文系の勉強をしたかったことに気がついたのだそうです。

若いころ、呼吸すらコントロールしようとして、息苦しくなっていたことにも気がつき、また、本来の気持ちを誰にも言えないでずっと自分の中に蓋をしていたことが間違いで、「感情や気持ちに触れてもいいんだ」と気がついたことで、とても楽になったそうです。

学生のころから、人との接点をなるべく持たず、揺れる感情を表に出してはいけないと思い込んでいたE子さん。30代でスクールに出会い、本当の自分を発見すればするほど、次第に自分を責めることがなくなったそうです。

そのことで、仕事上のコミュニケーションにも変化がありました。自分にも他人にも厳しすぎる「頑固の仮面」を意識することで、少しずつ自分も他人も許せるようになり、豊かな感情を取り戻したE子さんの笑顔は、みるみる素敵なものになっていきました。

仮面をつけることは、自分を守るために必要なことです。仮面について知っていても、生きていく上で、仮面が必要なときもあるでしょう。しかし、仮面をつけていない人から見ると、仮面をつけていることは、やはり人間としては不自然な状態にあります。

スクールに初めて来た方々は、1年、2年とカリキュラムを進めていくうちに、みるみる仮面をつける時間が減っていき、本来の自分を取り戻していきます。

子どものころから持ち続けていた苦しい感情を解き放ち、時には泣き、人間らしさを取り戻していく姿を見ることは、私がスクール主催者の仕事をしていて本当に良かったと思う瞬間です。この仕事を続けていける、何よりのパワーの源、醍醐味なのです。

そして、現在の私にとっても、スクールに来てくださる生徒さんたちの状態は、まるで鏡のように、私の状態を見るヒントにもなっています。

誰か、あるいは自分を責めるときは必ず、「五つの仮面」のどれかが反応しているサインです。そのようなときは、ぜひ、この「五つの傷」のことを思い出してみてください。

きっと、あなたの悩みの、解決の糸口を見つけることができるはずです。

7章　受け容れることで、すべてが変わる

さて、ここまで、「2種類の愛」「人生の三角形」「五つの傷」など、リズの教えの中で最も重要で、すべての根幹になるものをご紹介してきました。これらには、ある共通する思考があるのですが、あなたはそれに気がついたでしょうか？

私たちが最も伝えたい核心、それは、「受け容れる」ということです。

もしあなたが、自分自身、両親との関係、他者との関係や現在、あなたが置かれている状況、これらを変えたいと思っているならば、その気に入らない状況を、いちど自分が受

け容れなければ何も変わりません。リズは、口を酸っぱくしてこう言います。

「受容なくして、変容なし」

人は、なりたくない自分を受け容れると、やっと変わることができるのです。私を含め、通常みなさんが取る行動は、以下のようなものだと思います。

例えば、あなたが、ある組織で働いていたとします。そこで、やりたくもない仕事を引き受けたり、どんなに体調が悪くても休めなかったりすると、次第に、服従しているような、まるで自分の人生を誰かに乗っ取られたような、もしくは奴隷のような気持ちになってしまうでしょう。

当然、怒りや悔しさ、苦しさも感じます。では、その状況を変えるために、人は何をするでしょう？　多くの人が転職する、独立して自分のビジネスを立ち上げる、といったことを考えるでしょう。転職も独立も、それ自体には何も問題はありません。それが自分の望みの方向に向かっていく行動であるならば、ぜひ行動を起こすべきなのです。ただし、その前に重要なことがあります。それが「受け容れる」ということです。

では、何を受け容れれば良いのでしょうか。それは、時に、自分の人生が乗っ取られ、奴隷のように感じる自分です。そういう状況で感じた怒り、悔しさ、苦しさを受け容れる必要があるのです。そういった状況や感情を、「時にはそんなこともあるよね」と、愛を持って受け容れる必要があるのです。

もし受け容れられないまま、状況を変えることばかりにやっきになり、受け容れることをおざなりにしていると、せっかく次の職場、独立して新たな場所に移ったとしても、同じ苦しみが状況と人を変え、またやってくるだけです。

受け容れずに変えた状況では、ただ状況が一時的に変わっただけで、実はその苦しみは繰り返されるのです。

しかし、この「受け容れる」という行為、その方法を知らない人が、あまりにも多いのです。あるいは、スクールで受け容れるという手法を学んだにもかかわらず、なかなか受け容れられず、変える方向ばかりに行ってしまう、変えたい状況に甘んじている、そのどちらかになってしまう人がほとんどです。それほどまでに「受け容れる」ということは、簡単なことではないのです。これはいったい、なぜなのでしょうか？

まず、「受け容れる」という行為は、頭でする行為ではありません。まったく別の場所でやるべきことなのです。それは、ハートです。これまで頭で考えて行動してきた私たちにとって、このことは、始めは難しく感じることでしょう。今まで慣れ親しんだ、私たちの頭の中にいるエゴは、受け容れようとする自分に向かってこう言うからです。

「もし受け容れてしまったら、それが永遠に続くよ！」

ここで少し、この「エゴ」について説明しましょう。エゴというのは、私たちが精神の次元に作りあげた、一つの人格のようなものです。それは、「記憶」や「思い込み」などからできていて、私たちを「守る」ために存在しています。ただしエゴは、過去の慣れ親しんだやり方、自分が知っている範囲の中での解決策しか提供できません。

私たちが行っているワークショップでは、いま置かれている問題をきっかけにして、その人が本当に望んでいること、そしてそれをはばむその人自身の中にある考え方、思考、そして何を受け容れる必要があるのかを、クリアにするメソッドがあります。

それは、順番通りの質問をしていくだけで、その人にとって必要なことが自動的に出てくるという、画期的なものです。

では、少しやってみましょう。

始めに、私たちカウンセラーが、その人の問題と、実際にとっている反応、態度をお聞きします。あるクライアントを例にとって進めていきましょう。

彼女は、パートナーとうまくいっていないという悩みを持って、私のカウンセリングを受けに来ました。詳しい状況はここでは省略しますが、もう何年も、パートナーとうまくいっていないにもかかわらず、そのことを直視せず、何ごともないかのように、表面上は取りつくろって暮らしていました。しかし次第に、その暮らしに限界を感じ、苦しくなり、私のもとを訪ねてきたのです。

彼女のとっている反応、つまり「何ごともないかのように表面上、取りつくろった」態度からは、「頑固の仮面」をつけている状態であることが分かります。

まず私は、このような質問をしました。

「誰を、どんな人だと責めていますか?」

彼女は、「私が間違っていると、自分を責めている」と答えました。

この答えにより、異性の相手を責める「コントローラーの仮面」ではなく、自分が完璧ではないと自分を責める「頑固の仮面」をつけていることが再確認できます。

次に、私は「この状況で、あなたはどんな気持ちになりますか?」と聞きました。

彼女は、「自分ではどうすることもできない。無力感を感じている」と答えました。

この質問の答えが、心の傷の〝核〟なのです！

私は質問を続けます。

「その無力感を感じることによって、あなたは何を持つことができないでしょうか？」

彼女は、「『自分に自信と確信を持つこと』ができない。また、『元気に活動すること』ができない」と答えました。

私は「〇〇できない」こと、「can't」として聞いていますが、それによって、彼女が本当に「望んでいる」ことが答えとして出てきます。彼女の望んでいることは、「自分に自信と確信を持つこと、元気に活動すること」なのです。

さらに私は質問を続けました。

「あなたが自分に自信と確信を持ち、元気に活動することができないために、あなたはどんな状態、どんな人になることができないでいますか？」

彼女は、「すっきりと晴れ晴れした状態、愛のある温かい人でいることができない」と答えました。

ここで、彼女が自分のパートナーとの関係において、そして人生の中で最も求めているのが、「すっきりと晴れ晴れした状態、愛のある温かい人でいること」だと分かりました。

そして、私は、そうやって彼女の口から実際に出た言葉を通して、導き出された答えを彼女に確認しました。ここで、多くのクライアントの顔色とエネルギーが、ひと目で分かるほどに変わります。彼、彼女たちが本当に望んでいることに、自分でやっと気がつけるからです。

さて、もし彼女の中に、それをはばむ別の人格の一部のようなもの、つまりエゴがなければ、この望みはとっくに叶っています。いま彼女がそれを手に入れられていないということは、彼女の中にそれを止める一部分があるからです。それを明確にするために、私は次の質問をしました。

「もし、あなたがすっきりと晴れ晴れした状態で、愛のある温かい状態でいられ、自分に自信と確認を持ち、元気に活動することができたとしたら、あなたにはどんな困ったことや、不都合が起きるでしょうか？」

彼女は、「人に嫉妬されて、孤立してしまうのではないでしょうか……」と答えました。

私は質問を続けます。

「もし、人に嫉妬され、孤立することが現実になった場合、あなた自身や、他の人は、どう言ってあなたを責めるでしょうか？」

彼女は、「孤独で、かわいそうな人……」と答えました。

この答えにより、彼女が最も恐れていること、なりたくない人は、「孤独で、かわいそうな人」だということが導き出されたのです。

そして、彼女の中では「すっきりと晴れ晴れとして、愛のある温かい人になる」＝《イコール》「孤独でかわいそうな人」だという思い込みを持ち続けたまま生きてきたことが分かりました。

さて、ここで彼女が自分の望んでいる方向に進むためには、やらなければならないことがあります。

彼女のケースでは、「自分は孤独で、かわいそうな人である」、時には、すでにそうなってしまっている自分がいる、ということを、愛を持って受け容れる必要があるのです。

彼女のように、孤独や孤立を恐れる人はとても多く、一人になるくらいならと、自分の望んでいることをあきらめてしまうのです。でも、何度もお伝えしてきているように、自分の望んでいることをあきらめると、ストレスを感じたり、それを実現している人に対して嫉妬したり、うとましく思ったり、そう感じる自分に嫌悪感を持ったり、ますます苦しみの悪循環におちいってしまうのです。

人生の中では、孤独を感じることもある、孤立することもあるということを、愛を持って受け容れられたとき、彼女たちは、それぞれが本当に望む方向へと、ごく自然に向かっていくことができるようになるのです。
今まで、恐れや、なりたくない人にならないために使っていたエネルギーは、受け容れるという行為を通して、自分が望んでいることを実現するパワーへと変換していけるのです。

ここで、もう一度、受け容れるということを確認しておきましょう。まず、受け容れるというのは、あきらめることでも、相手に服従することでもありません。
賛成することはできない、好きにはなれないけれど、そういうこともあるな、と認める。そんな感覚です。

実は私も、なかなか受け容れられないタイプでした。もともと行動力があるので、すぐに状況を変えようとしてしまうからです。私のように行動力のある人は、考える前に状況を打破しようとしてしまうので、受け容れるということを学ぶ暇がありません。そのため、私は同じような状況をたびたび繰り返してきたのです。

30歳まで働いていた銀座のクラブのシステムでは、箱を借りた個人事業主であり、売り上げの管理も、売掛金の集金の責任も、すべて自分。私の雇い主は私でした。長いあいだ、その環境で仕事をしていて、その後、短いあいだでしたが、病気になる直前まで、組織の中で働いたことがあります。

上司に従わなければいけない。ましてやその上司が男性であったので、男性に従わなければいけないという状況を、まったく受け容れることができず、そうこうしているうちに、めまいの病気になり、仕事を辞めることになりました。

そうすると、その後、状況を変え、人を変え、同じような状況が何度も現れました。

しかし、そのときには、この「受け容れる」メソッドを学んだあとだったので、またやってきた同じような状況に対して、自分を尊重できないみじめさを以前と同じように感じながらも、今回は、「自分を尊重できないみじめな人になることも時にはある」と思うことができ、みじめな人になっている自分を、愛を持って受け容れるということを、初めて実践することができました。

この実践は、1日だけではなく、2～3カ月ほど続いた記憶があります。そして2～3カ月後、次第に状況に変化がありました。

同じように組織の中にいても、自分が好きな分野の仕事だけをすることができ、好きな時間だけ働くことができ、本当に自由に自分を尊重して働くことができたのです。

31歳のときに乗り越えられなかった壁は、「受け容れる」という手法で、ごく自然に状況を変えることに成功したのです。

8章 人生における自分の〈ニーズ〉を意識する

ここで、私たちのスクールでは、「ニーズ」と「願望」をしっかりと区別しているということを再確認してみたいと思います。

まず先に、「願望」について見てみましょう。願望というのは、行動レベル、所有レベルでの、自分の望んでいることを指しています。例えば、

「結婚したい」
「子どもが欲しい」
「仕事で成功したい」

「美しい家が欲しい」
「お金持ちになりたい」
「海外旅行に行きたい」
「○○の勉強をしたい」
「痩せたい」
「キレイになりたい」

など、「する」ことや、「持つ」ことを表しています。

お正月に今年の目標、叶えたい夢を書き出すことを、年始のルーティーンにしている人も多いのではないでしょうか？　このとき書いていることの多くは、こうした具体的な願望ではないかと思います。

一方、スクールで呼ぶ「ニーズ」とは、なりたい状態、なりたい人、など、心の状態を表しています。形容詞で表現するような、抽象的な概念が多く、例えば、

「楽しい」
「温かい」
「穏やかな」
「喜びを感じる」
「満たされる」
「のびのびとした」
「優雅な」
「躍動感のある」
「堂々とした」
「晴れ晴れとした」

など、行動を伴うものではなく、状態を表すことがほとんどです。こういったものを、「ニーズ」と呼び、区別しています。

スクールでは、願望も大切ですが、ニーズを、より重要視しています。

自分のニーズが何なのかを知りたいときに、自分自身に対して質問することで、その答えを見つけることができます。

例えばあなたが、仕事で成功したいとして、「それが叶ったときに、どんな人、どんな状態、どんな気持ちになるだろうか？」と、自分に問うてみてください。

そこで出てきた答えが、あなたにとってのニーズです。

ニーズというのは、今回のあなたの人生において感じる必要のある、とても大切なものです。

では、あなたは、仕事で成功しないと幸せになれないのでしょうか？　また、結婚したり、子どもを持ったり、美しい家を持たなければ、幸せになれないのでしょうか？

実際のところ、そうではありません。

ここで、あなたが、結婚して子どもを持つと幸せになると考えているとします。結婚して子どもを持ったら、あなたはどんな人になり、どんな人になれそうで、どんな気持ちを感じることができ、どんな状態でいられるでしょうか。

例えばその答えが「楽しく、笑顔が絶えず、輝いている自分」だったとします。その場合、結婚して子どもを持つことにフォーカスするよりも、まず「楽しく、笑顔が絶えず、輝いている自分」にフォーカスすべきなのです。

あなたの本当に欲しいものは、「楽しく、笑顔が絶えず、輝いている人」であるということなのです。それが、結婚し、子どもを持った状態でしか手に入らないものだと思い込んでいるのです。

極端なことを言えば、仮に、一生のあいだ結婚をせず、子どもを持たなくても、「楽しく、笑顔が絶えず、輝いている自分」で生きていけさえすれば、あなたは幸せを感じることができるのです。

そして、「楽しく、笑顔が絶えず、輝いている自分」は、行動や所有レベルのことではないので、今日から、今から、なることができるのです。

結婚することや、子どもを持つといった願望があるならば、そのために行動を起こすことも大切です。しかし、あなたが本当に欲しいものは「楽しく、笑顔が絶えず、輝いている自分」なのですから、いま思いついている、結婚することや子どもを持つこと以外にも、自分のなりたい「楽しく、笑顔が絶えず、輝いている自分」に少しでもなれそうな「別の行動」を起こすこともできるのです。

例えば、親しい友人と会っておしゃべりをすることや、自分がワクワクするようなことを学び、仕事のスキルアップをすることなどでも、そのニーズは叶えることができます。今できる最初の一歩を踏み出せば、さらに大きな一歩を踏み出すことができ、1年後には、かなりの歩数を進むことができているでしょう。

小さな行動は、次の大きな行動を呼び起こします。

できるだけ、一日のあいだに「楽しく、笑顔が絶えず、輝いている自分」でいる時間を多くすることを心がけてください。「楽しく、笑顔が絶えず、輝いている自分」の波動でいることを心がけていれば、それにちなんだ現実が向こうからやってくるのです。

ただし、それは「恐れ」がないときに限ってのことです。大体の場合、本当に望んでいるニーズには、大きな恐れがセットになっています。

あなたのエネルギーが、前に進んだり後戻りしたりして、今までの人生でなかなかニーズが叶わなかったのは、そのためです。


ですから、どのような恐れがあるのかを発見し、その恐れを無いものとせず、きちんと認め、その恐れとともに、一歩一歩、一緒に進んでいくことが大切なのです。

ニーズや願望が分かったからと言って、すぐに叶えたい気持ちは分かりますが、恐れがセットになっているケースでは、極端な行動をとると、恐れを見て見ぬふりをするわけですから、その恐れはいずれ必ず表出し、ニーズが恐れに負けてしまいます。

そうではなく、恐れを小脇に抱え、一歩一歩、一緒に進むのです。そのような方法を取ることによって恐れは、ニーズという、まったく新しい方向に向かったとしても、大丈夫だと安心して、いずれ姿を消していくのです。


自分の願望を見つけることとは、誰もが子どものころから日常的にしてきたことなので、わりと簡単なことでしょう。ですが、願望が見つかったら、ぜひ次のような質問をしてみてほしいのです。

「それが叶ったとして、私はどんな人、どんな状態、どんな気持ちになれるだろうか」

ここで出てきた答えを大切にしてください。それがあなたのニーズです。長年スクールで学び、このことをよく知っている人たちですら、ついニーズを忘れ、願望にとらわれがちです。それほど、ニーズを意識するということは、難しいのです。

誰もが、子どものころから、将来の夢や、なりたい職業を聞かれることはあっても、「どんな人になりたいの？」と聞かれることは、あまりなかったのではないでしょうか。ニーズと向き合うことに慣れていないのですから、それを意識することも難しくて当然です。

「結婚したい」「子どもが欲しい」という願望は、意識せずとも自覚できるでしょう。でも、願っていることの背後にある「どういう人になりたいのか？」という問い、その答えを解いてほしいのです。

ですから、もしニーズが叶っていれば、願望が叶わなかったとしても、それほど重要ではないのです。

幸せとは、感覚なのです。

「どうして結婚したいの？」「一人が嫌だから？」「じゃあ、孤独でなければいいの？」「結婚できたら終わりなの？」「子どもを持てば、それだけで幸せなの？」と、自問自答を繰り返し、もう一歩深く、自分の心に踏み込んでほしいのです。それが分かれば、幸せに、ぐっと近づけるのです。

ニーズを意識して生きていれば、必ず、現実は後からついてきます。まず内面をしっかり作り、内面と合致した確かな現実を引き寄せてください。

あなたのニーズは、あなたが責任を持って叶える必要があります。もしあなたのニーズや願望の中に、自分ひとりでは叶えることができず、相手が必要なものがあった場合、相手に明確にそれを伝える必要があります。なぜなら、相手は相手で、自分の願望やニーズを持っていて、それがあなたとは別のものである可能性があるからです。そして、相手は相手で、

その人のニーズを優先する権利があるのです。
もしあなたの大切な人に、ニーズを共有してほしいと頼んで、自分には別のニーズがあるからと断られたら、あなたはどうしますか？　あなたはそれをあきらめますか？
こんなとき、スクールでは、次のような方法をおすすめしています。

別の人に、お願いする。

いかがですか？　一人の人にこだわる必要は、まったくないのです。逆に、「私のニーズを一緒に叶えてくれるのは、この人しかいない」と、こだわるのは、「執着」です。
宇宙では、わたしたち全員が一つの家族のようなものだったと言われています。ですから、あなたが思い浮かべる人によって、あなたの望みが叶うとは限らないのです。あらゆる可能性、あらゆる人に対して、オープンになってみてください。

できるだけのことをして行動を起こしたら、あなたにとって一番ベストなときに、それは叶うことになっているのです。もし望むものが手に入らなかったなら、あなたにはもっ

と素晴らしいものが用意されているという証拠です。

できるだけのことをしたら、いつ叶うか、そして、誰と叶えるかは、宇宙にゆだねましょう。あとは、毎日を楽しく暮らしていれば良いのです。そういう生き方ができれば、ずいぶんと人生は楽になるのではないでしょうか。

執着を手放すと、自然体になります。そうすると、ニーズは思ってもみない形で叶うものなのです。

このことはニーズの考え方と同じく、長年スクールで学び、多くのことを分かっているはずの生徒さんたちも、目からウロコだと驚きます。

それぞれの人が、それぞれのニーズを持っています。誰かに叶えてもらおうとすると、つまり、その人が自分のニーズの責任を取らないと、自分の幸せは周りの環境次第ということになってしまいます。

あなたの愛する人も、自分自身のニーズを叶える責任があります。その人は、その人のニーズを優先すべきなのです。責任については4章でも触れましたが、とても大切なこと

なので、ここでもう少し、ご説明しようと思います。リズの著書に、

「私の人生の責任を取る人は、私以外にいません。また、家族のそれぞれの責任は、それぞれが取らなければなりません」（『〈からだ〉の声を聞きなさい』p49）

と書かれているように、「BE YOURSELF」のワークショップでも、まず始めに2種類の愛のベースとして、「他者との関係における責任」「自分自身における責任」について学びます。

多くの人が、自覚している、していないにかかわらず、自分の両親、夫や妻、子どもへの責任を感じて生きています。しかし、スクールでは、たとえ家族であっても、それぞれの責任はその人自身にあるのであって、あなたにはないと教えます。

例えば、名のある女優など、有名人の子どもが不祥事を起こすと、たとえその子どもが成人していても、日本では、親が謝ることは普通です。私も、こういった報道をテレビで見るたびに、少し違和感を感じていましたが、それはただ、その子どもがすでに成人し、

自律しているからだと思っていました。

10年前、私が初めてワークショップに参加し、

「私に責任があるのは、私の選んだ反応、ニーズを叶える責任だけ」

「愛する誰かが不機嫌でも、私にはその責任はない」

と教えられたとき、始めは、

「なんて冷たいことを言うんだ！　この人は！」

と驚きました。というのも、当時、私の娘は6歳。しかも母子家庭でしたから、彼女の幸せの責任は当然、私が握っているのではないのかと思っていたのです。

いくら欧米人が個人主義だといっても、未成年の子どもの責任は親にあるでしょう？と、大きな抵抗を感じました。

ただ、それは私の思い込みだったのです。もちろん、母として、子どもに思いやりを持って接することはできます。でも、たとえ母親であっても、本質的に娘の「ニーズ」の責任を取ることはできないのです。

なぜなら、自分のことを幸せにできるのは、自分だけだからです。

それは、小さな子どもでも、成人した大人でも、本質は変わりません。

ですから、子どもであっても、その子の責任は、その子にあるのです。親はそれを理解して育てなければならず、それはまったく、冷たいことではないのです。

ニーズが一人ひとり、それぞれ違うように、一緒に暮らしていても、こうなりたい、こういう気持ちでいたいという思いは、自分の責任で叶えないといけないということです。

これまで多くの人が考えてきたような方法で責任を取ってあげることが、愛情ではないのです。親がどんなに謝ったところで、子どもの本質的な問題が解決しないのは、このためです。

これは、私を始め、特に日本人が大きく勘違いしがちなことです。

もちろん、その国々で親の扶養義務が定められている年齢までの養育（住まいや食事の提供）を放棄してよいと言っているわけではありません。それは、まったく違う次元の話です。

相手に責任を取らせることが、自律した関係なのだということが、私も年々、分かってきました。でも、完全に実行できるまでには、まだ至っていないと思います。

ただ、娘、母、そして他者との関係でも、本当にそうなれる日は近いと感じています。

親として保護したり、養育したりする責任は当然、あります。ただし、幸せだと感じることは人それぞれです。あなたの子どもであっても、あなたが幸せだと感じることと同じことを子どもが感じるとは限らないということを、どうか忘れないでください。

リズはまた、こうも言います。


「あなたの親としての責任は、子どもを愛し、子どもを導くところまでなのです」


自律した人間として育てる。こういった感覚は、日本人には少し欠けているものかもしれません。小さなころから、自分で考えて行動させる。こうして育てることで、親も、子どもから自律した関係を築けるのです。

私の場合は、自分の母親が過干渉だったため、娘をとにかく自由に育てようとしました。なぜなら、過干渉の母を嫌だと思っていたのだから、その正反対のことをすれば、きっと娘は、私が望んでいた「のびのびと自由な」日々を暮らせるだろうと思っていたのです。

それが、娘が小学6年生になったある日、

「ママ、もうちょっと私に関わってよ！」

と言われたのです。「寂しい」という娘からのSOSでした。

私は、母へのリアクションとして、自分の自由がない子ども時代をとても窮屈に感じ、心の中で反発していました。ですから、娘に対しても、

「自分なりの愛情＝自由」

「自由こそ愛なのだ」


と思いこんでいました。私が子ども時代にしてほしかったことを、娘には良かれと思ってしてあげているつもりでした。

それが、娘からすると、私が良かれと思ってやっていたことでも、自分に関心を向けない冷たい母親像に見えていたということが分かり、驚きました。

そして、たとえ親子であっても、欲しい「愛」は違うということ、また、それを伝えあっ

て初めて、分かりあえるのだということを、娘から教わりました。

今、そのことを思い出し、大切にしなければならないのは、やはりバランスを取ることだと、改めて思います。


「過干渉すぎる母」

「放任しすぎる私」


どちらも極端ですよね……。娘のひと言で、そのことに気がつけたことを、私は今でも娘に感謝しています。

彼女は、自分のニーズを叶えるために、きちんと私とコミュニケーションを取り、言葉にして伝えてくれました。

今にして思えば、母のことを受け容れることと、娘を育てること。この二つのことが同時進行で起きたことは、私にとって必然だったのだと思います。

同性の親子関係では往々にして、母親（父親）のことで受け容れられない分野のことを、娘（息子）にします。というのも、人を愛することのベースというのは、同性の親との関係で築かれるからです。

「過干渉＝愛ではない／愛する＝自由を与えること」

同性の親である母親との関係から、私は、人を愛することのベースに「自由を与える」という意識が刷り込まれて育ちました。また、逆に、人を愛することのベースとして母の行動を思い出すと、私が母から受けて愛だと感じたことを、まったく同じように娘に対して行っていたことも分かりました。

私が小学5年生のとき、いじめにあいました。といっても、クラスで順番に誰かが無視されるといった、子ども時代によくあるもので、深刻ないじめとは言えないものです。それでも、母は持ち前の猛烈な行動力で、まっさきに学校に駆けつけてくれました。日々、過干渉に窮屈さを感じていた私ですが、そのときの母の行動はとても嬉しく、「愛する」とは「即行動すること」だと私は理解したのでしょう。

時はめぐり、今度は娘が中学1年生のときに、同じく学校でいじめを受けました。そのとき、やはり私も、まっさきに学校に駆けつけました。無意識に、母の行動をなぞっていたのです。

以上は、人を愛する場合のベースです、逆に、人に愛されるベース、愛を受け取るベースというのは、異性の親との関係で築かれます。

「私がお父さんにされて嬉しかったこと」
「本当はお父さんにしてほしかったけれど、してくれなかったこと」

子どものころ望んでいたことを整理すると、私は、誰よりも父に危険から守ってほしいと思っていました。しかし、現実では保護してもらえなかったため、大人になってからのパートナーとの関係の中で「守られている」という感覚があると、それが「愛されている」ということなのだと感じていました。

ですが、例えば経済的に、精神的に、どんなに守られていたとしても、必ずしもそれは、愛されていることと同義ではないのです。

リズの教えに出会い、こういった一つ一つの自分の「ニーズ」「責任」「愛」に基づく行動を思い出していくと、本当に腑に落ちることがたくさんあります。

「恐れからの愛」ではなく、「真実の愛」に近づくために、もう一度あなたにも、ニーズや責任に基づく、愛という概念の深さを、考えてみてもらいたいのです。

9章　「女性原理」と「男性原理」を調和させる

前の章では、自分のニーズや願望を叶えるために他の人の協力が必要なとき、それをお願いするのを一人の人に限定せず、あらゆる可能性に対してオープンになり、もし自分が思っていた相手に断られたときや、相手が自分とは違うニーズや願望を持っていた、もしくは話しあって合意に至らなかった場合には、別の人にお願いしに行けばいいのだということをお話ししました。

このことに関して、私の開催している「1DAY（ワン・デイ）ワークショップ」で話した際、ある女性の参加者から質問を受けました。

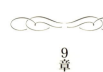

「それは、男女間、カップルの関係においても、同じことが言えますか？」と。

その女性は、今おつきあいしている方と、結婚するかどうかを考えていた時期で、彼の方は結婚したいと思っているけれど、彼女の方はまだ決断しかねている、という状況の中にありました。

彼女は、今おつきあいしている彼とは結婚はせず、しばらくそのまま、おつきあいを続けたいと考えていました。しかし、もし私の言ったことがカップル間においても当てはまるとするならば、おつきあいしている彼に、そうした自分の本心を語ってしまうと、「結婚したいと思っている彼は、他の女性を結婚相手の候補として探しに行ってしまうのではないか」と心配になり、このような質問をしたのでした。

私はカップルにおいても、この考えは当てはまると思っていますが、男女間のことに関しては「ニーズと責任」という視点ではなく、また別の視点からも、自分を見てみる必要があります。

そこで、この章では、「女性原理と男性原理」ということを説明していきます。

私たちは皆、この世に生を受ける以前は、光の存在だったと言われています。純粋な光の存在であった私たちは、この地球の物質の世界でたくさんの経験をして学ぶため、そして、たくさんの経験を通して人生を楽しみ、喜びを感じるために、この物質世界で生きることにしました。

ただ、生まれて来たときに、その目的を持っていたことは、すっかり忘れるといいます。そして、物質の世界で生きるために必要な乗り物としての「肉体」を持ちます。

肉体を持った人間として生き始めたとき、最初は一つの光だった私たちは、分化した「女性原理」と「男性原理」を持つようになりました。その結果として、この世界には、女性と男性がいるのです。

私たちは、自覚していなくても、再統合、つまり、ふたたび融合し、一つに戻ることを望んでいると言われています。

ですから、私たちは無意識に異性を求め、一つになろうとするのです。

ただし、あなたが女性であっても、男性であっても、両方の原理を持っています。男性の中にも「女性原理」が存在しますし、女性の中にも「男性原理」が存在するのです。

そして、見た目が美しく、きわめて女性らしくあっても「男性原理」が優勢な場合もありますし、マッチョタイプのとても男らしい男性であっても「女性原理」が優勢な場合があります。

このように、見た目で、ある片方の性を誇示しすぎている場合、実は、誇示している方の性の原理をその人が受け容れられていないこともあるのです。

私たちはまず最初に、「自分の人生を前へと進めてくれそうな方の原理を受け容れる」ため、そちらが優勢になります。しかし、私たちは絶えず、この両方の原理を使って現実を創造しています。

例えば、私が今日の夜、何か夕飯を作るとします。まず私は、自分の「女性原理」を使います。

「お腹はすいているのか？」「何を食べたいのか？」「冷たいものなのか、温かいものなのか？」「ご飯なのかパスタなのか？」と、ニーズを知っている「女性原理」に聞くのです。

その後、私の「男性原理」に、その実行方法を考えてもらいます。「どこのスーパーマーケットに行き、何を買い、どんな順番で調理をすると合理的なのか」、こうしたことを考え、行動に移すのが男性原理です。

このように、最初に「女性原理」の中にあるニーズを聞いて、そのあと、「男性原理」が現実化させるための計画、行動をし、共同で現実化させるのです。

料理に限らず、私たちは何かを創りあげるときに、必ずこの両方の原理を使います。

もし「女性原理」が優勢で「男性原理」がうまく機能していないと、アイディアやイメージはどんどん思いついて膨らむけれど、現実化までには至りません。

逆に「男性原理」が優勢で「女性原理」がうまく機能していないと、本当に望んでいることが分からないまま、ただやみくもに計画を立てたり、行動したりして、いつまでも満たされない、という状況におちいってしまいます。

そして、私たちの中にある「女性原理」と「男性原理」のバランスが、いま現在、どのようになっているかを、私たちの周りにいる人びとは、鏡のようにそのまま映し出してくれています。

特にパートナーは、自分の中の二つのバランスが今どうなっているのかを、そのまま反映してくれます。人がパートナーを持つ理由は、このためでもあるのです。


あなたは、男性との方が、より良い関係を築くことができますか?

それとも女性との方でしょうか?

あるいは、特に性別による差異を感じないでしょうか?


カップルの関係においては、ある女性が「女性原理」を受け容れていない場合、同じように「女性原理」を受け容れていない、「男性原理」が強い男性を、パートナーとして引き寄せやすい傾向があります。それは、相手を通して自分を知る必要があるからです。

このように、同じ「男性原理」が優勢なカップルでは、異性側、つまり女性の方が我慢する関係になってしまいます。

逆もしかりで、「男性原理」を受け容れていない男性と女性がカップルになった場合、そのカップルは「女性原理」が優勢なカップルなわけですから、男性の方が、より我慢をするようになります。

ただ、こういった、衝突が多い組み合わせというのは、ある意味で自分の受け容れていない部分を相手を通して知ることができる組み合わせなのですから、決して相性が良くないカップルというわけではないのです。

自分の異性の原理を受け容れられていない人は、異性に対して支配的になり、異性を喜ばせようとしません。それは、自分の異性の親を受け容れておらず、その親が体現していた異性としてのモデルを拒否しているからです。

一方、自分と同性の方の原理を受け容れていないときには、極端に受け身になり、異性に支配される傾向があります。それは、自分の同性の親を受け容れておらず、その親が体現していた同性としてのモデルを拒否しているからです。

ここで、それぞれの原理が優勢なときの特徴をまとめてみましょう。

【女性原理】

1 あっちもこっちもと、同時に複数のことをこなす

2 社交的でオープンな傾向がある

3 何か問題が起きると、誰か、話す相手を探す
4 思いついたまま話し、よく話が脱線する。言いたいことを考えてから言わない
5 会話の中で、自分の方に相手を引きつけることが得意である
6 あまり考えず、結論にすぐ飛びつくと人に言われたり、自分で思ったりする
7 相手と「つながる」コミュニケーションを心がけている
8 何かを決めるときには、自分の「感覚、感じること」を頼りに決める
9 人の名前ではなく、人の印象、着ていた服や全体のイメージなどで相手を覚える
10 何かの道具を使うときに、よくその使い方を間違える
11 新しいことは、まずその全体像をざっくりと知りたい
12 ものごとの「外見や、どのように役立つか」に関心がある
13 実現するまでに時間がかかりすぎると、他のものに興味の対象が移る
14 クリエイティブでありたい
15 時にはリスクを冒すことも好きだ
16 将来や可能性、気持ちについて話すのが好き
17 他人の気持ちに寄り添う傾向

18 よく引っ越しをしたり、たとえ同じ家に住んでいても、模様がえや家具の配置がえなどをしたりして、変化を好む

19 自分の所持金については、だいたいの金額を知っていればいいと思っている

20 自由な時間ができたら、誰かと一緒に過ごしたい

21 感情的すぎるときがある

22 はっきりさせなければいけないことを嫌う。グレーゾーンが心地よい

23 直感や信頼関係だけで、それが真実であると認められる

24 新しい状況には、ワクワクする

25 行動の予測ができない人だと言われる

26 考えるより先に、衝動的に口から言葉が出てきてしまう

27 誰かとの関係において、相手には自分の好みを知っておいてほしいと思う

28 セックスでは相手と「融合」し、ひとつになることを重んじる

【男性原理】

1 ひとつのことに没頭して集中する

2 内向的で孤独を好む傾向がある
3 何か問題が起きると、引きこもって一人で考える
4 話の筋が通っていて、よく考えられた、整理された文章を使う
5 感情を抑制していて、他の人と話すことがあまり得意ではない
6 まじめすぎると人に言われたり、自分で思ったりする
7 「正確な」コミュニケーションを心がけている
8 自分が何を「思い、考えている」かは分かっても、何を「感じている」のかが、よく分からない
9 人の名前を覚えておくのは得意
10 何かの道具は、その目的に沿って正しく使う
11 新しいことは、その細部まで知りたい方だ
12 ものごとの「仕組み」に関心がある
13 忍耐強く、簡単にはあきらめない
14 正確で公正でありたい
15 リスクは冒したくない

16 事実や現状を話すのが好き
17 他人の問題解決をサポートする傾向がある
18 変化を好まず、同じ家に長く住む
19 自分の貯金や財布の中のお金は、1円単位まで把握している
20 自由な時間は一人で過ごしたい
21 論理的で理性的すぎるときがある
22 白黒はっきりさせたい。あいまいなことは嫌い
23 それが真実だと認める前に、事実や根拠、物的証拠が必要
24 過去に経験がないことは苦手
25 行動の予測がしやすいと言われる
26 ものごとを注意深く考え、慎重に話す
27 誰かとの関係においてリスクを冒したくないので、あらかじめ相手については何でも知って把握しておきたい
28 セックスでは「テクニック」を重んじる

「女性原理と男性原理」というワークショップが以前にはスクールにあり、私は2008年にこのワークショップを受講しました。現在は、このワークショップは他のワークショップと統合され、別の名前に変わっています。

私の場合、このワークショップを受講した当時、ちょうどカップルの関係について悩んでいた時期だったため、スクールで提供しているすべてのワークショップの中で、最も興味深く、私の好奇心を満たしてくれたことを覚えています。

この章を書くにあたり、過去に受講したワークショップのテキストに私が書いたメモを見ると、圧倒的に「男性原理」の方が優勢だったことが分かります。

つまりここでも、父と母と自分との関係が反映されていたのです。

当時、今よりもっと母との関係が和解とはほど遠いところにいた私は、母親を受け容れていない分だけ、自分の「女性原理」を受け容れていませんでした。そして、私と同じように「女性原理」を受け容れておらず、とても強い「男性原理」を持つ相手とおつきあいをし、友人関係でも男性の方が多く、男性との関係の方が、女性との関係よりも快適に感じたものでした。

その後、２００９年からスクールの主催者となりましたが、スクールで学ぶ方々は９割以上が女性なため、その年を境にして、今度は女性との関係を見直すことになっていきます。それは、自分自身の「女性原理」との関係を見直すこととイコールで、そうしたバランスを取るために、みずから引き寄せた状況だったのではないかと思っています。

こうして、スクールに来てくださる参加者の方を通して、そして女性の友人たちを通して、ここから数年間、私は、自分の内なる「女性原理」を日々、見つめることになりました。そして、一年一年、年を重ねるごとに、私は自分の女性原理と仲良くなっていることを自覚することができました。

今となっては私の周囲の多くの人が「信じられない」と言いますが、それまでの私は、女性どうしの、たわいもないおしゃべりというのが、合理的に感じられず、あまり好きではありませんでした。

何ごとも常に白黒はっきりさせなければ気が済まず、ものごとは、たくさん考えれば解決に至り、問題は解決してこそ意味があると思っていました。

しかし「女性原理」を受け容れた今は、女性の友人、スクールで親しくなった方々が、たびたび、何も目的もなく、ただおしゃべりをするために、我が家に遊びに来てくれます。そして、私自身も、そのようなことを、心から楽しいと感じるようになってきたのです。

さらに私は、考えてみても答えが見つからないときは、「そのうち理解できるだろう」と手放すことで、深刻に考えることをやめることもできるようになりました。

7年間スクールの主催をしてきたことは、私にとって、自分の「女性原理」とふたたびつながる、とても良い機会となりました。

私を成長させるためにこのような状況を用意する宇宙に、そして実際にお会いした数多くのスクール参加者の方々に、本当に感謝しています。

そして、このことは、母親との関係の改善も大きく影響していますが、今の私は、「女性原理」の方が、プライベートでも仕事面でも優勢になってきています。女性との関係が、以前とは比べものにならないほど快適なものとなり、ほとんどの女性との関係で「心地よい」と感じるようになっているのです。

同時に、今は、「男性原理」が優勢だった30代前半までの自分と、「女性原理」が優勢な現在の自分、両方の自分を知っているので、最近では、場面によってどちらを優勢にすればものごとがうまくいくかを選ぶなど、少しずつバランスが取れるようになってきていると感じています。

少し前に、このバランスについて、とても大きな気づきがありました。

「バランス」が取れている状態というのは、各原理が過剰でもなく不足でもなく、ちょうどいいことを指しています。もし過剰だった場合は、反対側の原理を認めていないので、暴走状態にあります。そして、反対側の原理を損なうのです。つまり、片側の原理が得意であるがゆえに、反対側の原理を害することもあるのです。

前の章でもお話ししたように、私には、子どものころからの「本当に望んでいることを口には出せないから、察してほしい」という癖が、まだ残っています。

現在、私の周りにいる男性たちは、私を喜ばせようとしてくれる素敵な男性たちばかりです。これは、私の内なる「男性原理」も、私の内なる「女性原理」の望みを叶え、喜ばせようとして、一生懸命、具体的な行動を起こしてくれているということの表れです。

ところが、私の「女性原理」のうちの「ニーズを表明する」部分が不足しているのです。なぜなのか。それは、「私が相手にニーズを表明したら、それを相手に拒否されて傷つくのではないか?」という「恐れ」があって、それをなかなか表明できないでいるからだ、ということに気がついたのです。

つまり、「女性原理」の望んでいることをはっきり表明していないために、「男性原理」が頑張って「女性原理」を喜ばそうとしても、望んでいることと実現することのあいだに、ズレが生じているのです。

実際、現実の世界でこのことが起き、自分の内面で何が起きているのかが分かって以来、私は少しずつ勇気を持って、これまで何度かお伝えしてきたように、恐れを小脇に抱えながらも、少しずつ「自分の望んでいること」を相手に伝えるようにしています。

自分のニーズを知っている「女性原理」が望みを表明し、その人の「男性原理」が、どんな方法を使い、どれだけの時間をかけて実現させるのか、などの計画を立てられれば、それはとても理想的な関係が築けている証拠です。

あなたの「男性原理」は、「女性原理」の望みをどう具現化するのかを考えるために使うのです。言わば、「男性原理」は「女性原理」のために存在するのです。

カップルでも、女性は、自分の望みをはっきり感じ、それを表明し、男性は、女性の望みを叶え、喜ばせるために、それを現実化させるにはどうしたらいいかを考え、計画を細部まで練って、行動を起こすことが理想です。

または、カップルの男性の中の「女性原理」の望みを、相手の女性の中の「男性原理」を使って、男性側の望みを女性が現実化させてあげることもできます。

そして、いま現在は両者のバランスが取れていなくても、例えば、私のような「女性原理」が優勢なタイプは、「男性原理」が優勢なタイプの人と、「2人で合わせて1セット」になって、生きていけばよいのです。

2000年以上続いた「女性原理」と「男性原理」が分離した魚座の時代から、現在は、統合をめざす水瓶座の時代に入っています。

各国の状況を見渡しても、何千年も前、女性たちが国を統治していた時代のように、次第に女性のリーダーが目立つようになってきました。

また、「クリーニング王子」や「片づけ王子」など、今まで女性の仕事だと思われていた家事を武器に、男性が活躍する姿も目立ってきています。

長いあいだ続いた、男性が女性を支配する時代は終わりました。男性だからこう、女性だからこう、という時代は、完全に終わったのです。そして、私たちは今、性別を超え、両者の統合、融合を目指さなければいけない時代を生きているのです。

では、「女性原理」と「男性原理」のバランスが取れるとどうなっていくかを、以下に説明しましょう。

それぞれ、上が「女性原理」で、下が「男性原理」です。

受け取る ↕ 与える

女性原理は、感謝をもって単に「ありがとう」と受け取ります。男性原理は、ごく自然に喜びを持って与えます。

直感　↕　理性

女性原理は、自分の直感に耳を傾け、その結果を引き受けられることを確認します。男性原理は、それを客観的に分析して、現実化させます。

内面化　↕　外面化

女性原理は、自分や他者の成長、進歩のために自分を知るという内的な学びのプロセスを行います。男性原理は、女性原理のニーズを確認した後に行動に移します。

行動の意味を見いだす　↕　行動力、方向性を示す

女性原理は、自分の望むもの、望む理由をよく分かっています。男性原理は、女性原理のニーズを実現するために、必要な行動や手段が分かります。

感じやすさ　⟷　強さ

女性原理は、感受性から涙を流すことをみずからに許し、自分や他人が経験していることを感情的にならずに感じ取ることができます。男性原理は、女性原理を励まし、頼りになり、良き保護者となります。

リスクをとる　⟷　慎重さ

女性原理は、その行動をとったときの結果がどうなるかを意識しながら、決断し、リスクを冒すことができます。男性原理は、よく考えるために一人になり、恐れと慎重さを区別し、恐れからではなく慎重さから行動します。

感情面での支援　⟷　物質的な支援

女性原理は、客観性を保ちながらも他人と関わりを持ち、感じ、支援することができます。男性原理が愛を表現するときには言葉が伴わず、物や行動の支援があるということを、女性原理は理解します。
男性原理は、物質的なもので人から必要とされると、やる気が出ます。言葉よりも物の方が居心地がいいことを良しとします。

ニーズ（望み）⟷意欲

女性原理は、自分のニーズを確認し、それを望んでいいと自分を許し、相手に対して望んでいることを表明できます。男性原理は、女性原理から望まれているものに関して熟考した後で、「私もこれを欲する」と決め、行動に移します。

美⟷知識

女性原理は、あらゆるものの中にある美とつながることができます。美から多くのエネルギーを受け取り、美の追求をします。男性原理は、物質世界に関するものの「なぜ？」「どうやって?」を知りたがります。そして、いちど学んだことを忘れません。

あいまいさ　↕　厳密さ

女性原理は、相反するような二つの情報が同時に入ってきても、居心地よくいられます。言葉にならないものを理解することができます。男性原理は、根気よく最初から最後まで正確に仕事を貫徹します。長期的な約束をすることもできます。

全体　↕　個々

女性原理は、プロジェクトなどの全体像を把握していて、それを総括できます。全体を見渡せるので、問題の原因がすぐに分かります。男性原理は、女性原理に全体像を伝えられた後に計画を遂行するために、細部や事実を簡単に説明できます。

想像的　↕　具体的

女性原理は、現実的でありつつ自分の「想像力」を使って、願望を実現させます。男性原理は、細部に至るまで、ありのままにものごとを見ます。今を生きることができ、いちど解決したら過去は忘れます。

優しさ、柔らかさ　↕　勇気、雄々しさ

女性原理は、「恐れ」なく自分の優しさを表現できます。傷つきやすく繊細であることを自分に許します。男性原理は、迅速に解決法を見つけ、試練や障害のあるときには、勇気を使えます。その意味で、自分の「恐れ」と直面することができます。

心変わり　↕　根気

女性原理は、自分のニーズに合わないと分かったときには、考えを変えることができます。男性原理は、目的を最後まで遂行するため、必要な時間をかけることができます。意見を変えるような影響は受けません。

統合、融合 ↔ 分離

女性原理は、たやすく他人とコンタクトすることができ、良き団体精神を持ちます。男性原理は、一人でいることが居心地よく、一人で仕事ができます。また、問題を解決するために、事実を個別化して分離することができます。

このように、自分の内面にある「女性原理」と「男性原理」のバランスが本当に取れてくると、現実の世界でも、カップルの関係がとてもうまくいくようになります。また、バランスが取れてくると、以前とは違うタイプの人に惹かれるようにもなります。

一方、バランスが取れないのは、ここでも、自分の中にある「恐れ」と「思い込み」が原因です。改めて、「女性原理」「男性原理」の、各項目をよく読んでみてください。

この中で、自分が「苦手だな」「やりすぎだな」と思うところには、必ず何らかの「恐れ」

と「思い込み」が潜んでいます。

その「恐れ」と「思い込み」を特定し、それらを少しずつ手なずけることで、次第に自分の中の「女性原理」と「男性原理」のバランスが取れ、同じようにバランスの取れたパートナーを引き寄せることができるようになるのです。

10章　〈恐れ〉と〈思い込み〉から自由になる

先の7章で、「思い込み」や、受け容れるべきものを自分の中から導き出すカウンセリングのメソッドをお伝えしました。

過去の苦しみ、後悔、憎しみ、罪悪感から完全に解放されると、どんなに見たくない自分に気づいても、それが自分の一部であると堂々と認めることができるようになります。

子どものころに作った「思い込み」は、本人が気づかない限り、その思い込み通りの人生を、大人になっても再現することになります。

例えば、私のケースでは、幼いころ生活していた環境の中で作られ、現在にまで影響を

及ぼしている、とても大きな「思い込み」が一つあります。それは、

「安全に生き延びる＝自分を殺し、耐え、波風を立てず、服従しなければいけない」

別の言い方をすると、

「自分に正直に生きること＝安心や安全が脅かされること」

ということです。このように、自分にとって不可欠なもの、必要なもの、大切なもの、イコール、自分のなりたくないもの、という方程式になっているものが、「思い込み」です。

「安全」という人間として当たり前のニーズ、それが無条件では手に入らない環境の中で育ち、自分を守るために作ったこの思い込みは、子ども時代の私にとっては、「思い込み」ではなく「真実」でした。

そのころの真実に基づいて作ったものは、たとえ自覚していなくても、大人になってからの人生、生活の中で、それがもう真実ではなくなっていても、「思い込み」としてそのまま反映され、現実化していくのです。

大人になってからの「安全」でも、私の場合はそれが経済面によく現れました。安定した経済状況、収入つまり「安全」がある＝私が自分を犠牲にし、耐え、服従しなければいけないということ。または、自分に正直に生きられる＝経済的に不安定でまったく安心できないということ。私の人生は、いつもこのどちらかの状況になっていました。人や状況は変わっても、子どものころに固く信じた「思い込み」通りの状況を引き寄せ続けたのです。このことに心から気づき、本気で取り組もうと決意したのは、実は、ごく最近のことです。

ここで改めて「恐れ」について、説明したいと思います。

私たちは、望むものであれ、恐れであれ、それを具現化させる創造のパワーを持っています。自分の想像力を使って、自分の望むもの、望まないものを、人生の中で創造していきます。

本当は、自分の願望やニーズに合った素晴らしい人生を築くために、こうした想像力を使うべきなのですが、残念ながら、たくさんの人が、そのためではなく、恐れを具現化するパワーとして想像力を使っています。

もし、自分の恐れや思い込みよりも、実現したい望みの方が強いのであれば、恐れや思い込みが入り込む余地はありません。そのような場合、具現化の法則は、必ず望みを叶えるために機能します。

しかし、反対に、自覚していても、いなくても、心の奥底で恐怖の方が望みよりも強い場合、自分の望みを実現できないばかりか、しばしば恐怖に思っていることの方を実現させてしまうのです。また、「これは私の望んでいることだ」と思っていても、実はそのことが恐怖に基づいている、ということもあるのです。

例えば、貯金をしたい人がいるとしましょう。

「貯金をしたい」という望みは、時に、お金が足りなくなって底をつくという「不足」の恐れが動機になっていることもあるため、「貯金をしたい」という表面的な願望の動機が恐れにあるということに本人が気がつかないと、いつかどこかで「不足」を経験することになります。

別のケースで説明しましょう。ある生徒さんは、どうしても結婚したいと、ワークショップに通いながら、結婚相談所に足繁く通っていました。それだけでなく、結婚を実現させるために、さまざまな出会いの場に積極的に参加していたのです。しかし、なかなか思うような相手が現れず、状況は難航していました。

私はその女性に、「なぜ結婚したいのですか?」と尋ねました。始め、彼女は、「リレーションシップを学びたいから」「男性と温かい関係を築きたいから」と言っていましたが、私にはどうしても、それだけではないのではないかと感じられ、さらに詳しく聞いてみたところ、「孤独な老後を送りたくないから」という動機であることが分かったのです。

つまり、彼女の「婚活」がうまくいかないのは、動機が「孤独になることへの恐れ」であるために、たとえ良いご縁があったとしても、自分自身の創造のパワーを使って、彼女が恐れている「孤独」の方を実現させてしまっていたのです。

このように、望んでいることが手に入らないときは、自分が何かしらの「恐れ」を持っているのではないかという部分にフォーカスする必要があります。そして、いま現在は、その恐れの方が勝っているということを表しているのです。

強い恐怖を感じると、人は誰でも、からだにも変化が現れます。体内でアドレナリンが作られ、鼓動が早くなったり、口が乾いたり、胃腸の活動が止まってしまったり、汗をかいたり、手足が冷えたりします。これは、からだからのメッセージでもあります。

私の、めまいという病気のケースでも、おそらくしばらく前からその前兆は出ていたはずなのです。しかし、私は、31歳で倒れるまで、自分は強く、恐れなど何もないと信じていたため、いっさいそのメッセージに気がつきませんでした。

もし私が、自分の内面に繊細に耳を傾けることを知っていたならば、ここまで大きな病気には、きっとならなかったはずなのです。

リズの著者の中でも、「スピリチュアル版　家庭の医学」として、世界じゅうの人に重宝されている『自分を愛して！　病気と不調があなたに伝える〈からだ〉からのメッセージ』では、私のケースを、以下のように説明しています。

私がまず最初に気がついた不調は、「耳鳴り」でした。この本によると、

「自己コントロールを失うこと、バランスを失うことを恐れており、自分の恐れを押し隠してまでバランスが取れているように人に思わせたがります」

「あなたは、自分のことをバランスのとれた勇気のある人間であると人に思わせたいために、結果としてエゴがしかけた罠《わな》におちいっているのです。あなたは思考に邪魔されて直観の声を聞くことができず、そのために心のバランスを失っています」

（『自分を愛して！』p280）

その後、救急車で担ぎ込まれた病院でついた診断は、「メニエール症候群の疑い」でした。

その病気に関しては、

「めまいの発作の前には、しばしば『耳鳴り』が起こります。（中略）次のことを頭に入れておきましょう。つまり、メニエール症候群からのメッセージは緊急かつ重要である、ということと、当人が感じている罪悪感は事実に基づいていない、ということです」（『自分を愛して！』p285）

さらに、「めまい」の項では、

「めまいは、何かや誰かから逃げ出そうとするときに起こります。そうした状況が、かつての癒されていない古い傷を呼び起こすからです。あるいは、自分のことを粗忽者《そこつもの》だと考えて裁いている人に起こることもあります。（中略）幼い時に、大きな苦しみや恐れを経験し、それをいまだに解決することができていないからだと思われます。宇宙は、あなたに新たな出来事を経験させて、それと似た過去の出来事をあなたに思い出させるのです。そして、今度は、あなたが『許し』の実践を通してそれらを解決することを望んでいるのです。どうか、他者を許し、そして自分も許してください」（『自分を愛して！』p286）

いま振り返っても、驚くほど当時の自分の状況に当てはまり、どうしてこの本にもっと早く出会わなかったのかと思うほどです。

私は、2章でもご紹介した、私たちのスクールのベーシックなワークショップ「BE

YOURSELF」の中でも実践し、『自分を愛して！』の巻末にも収録されているメソッド、「許しのステップ」を行う必要があったのです。

ここで、私の実際のケースとともに、その「和解と許しの7つのステップ」をご紹介したいと思います。

自分を愛し、癒しを起こすために、私たちは何よりも、自分を許さないといけないのです。

これを実践することにより、体調にも変化が現れてきます。日本を始め、世界じゅうで広まっているこのメソッドは、たくさんの人に素晴らしい結果をもたらしています。

①感情と非難を特定する

私の「めまい」の症状は、さかのぼれば、私と母の関係において、恨みと憎しみを持ち続けていたことによるものです。私は、幼いときから、心の中で母を非難し、怒りと無力感と人生への絶望を持ち続けていました。ここでは、このように、誰をどう非難し、どのような感情を持ち続けていたのかを特定します。

②責任を引き受ける

先ほどのような気持ち、つまり、私が感じた、怒り、無力感、絶望という感情を持った責任は、母にではなく私にあります。私がその感情を選んだのです。

そして私は、子どもながらに、母から愛されなくなることを恐れていました。また同時に、私は母に優しくされ、温かくされ、ただただ無条件に抱きしめてもらうことを期待していたけれど、その期待が満たされることはありませんでした。

相手（母）が私の期待に応えられなくても、私は心地よくいられるようになりたいと望みます。自分が持った感情は自分に責任があること。相手に期待したものを相手が与えてくれなかったとしても、自分が心地よくいられるようになること。これが、「責任」です。

③和解

相手を受け容れ、こだわりを手放すために、相手の立場になって、そのときの相手の気持ちを感じ取る必要があります。

母もまた、私が母を非難しているのと同じように、私を非難したり、あるいは自分を責めたりしたかもしれません。もしそうだとしても、私はそのことを、いつか受け容れる必要があります。

④自分を許す

このステップは、7つのステップの中でも、最も重要なものです。

自分に恐れがあり、相手への期待があり、その期待に相手が応えてくれなかったから相手を恨んだということを、あなたは受け容れられるでしょうか？

あなたは人間なのですから、当然、恐れや、思い込みや、弱さや、限界があって、それらがあなたを反応させ、苦しませました。そして、相手と同じような人物に、時には自分もなるということを、自分に許せるでしょうか？

いま現在の状態が、一生のあいだ、ずっと続くわけではありません。現在のところの自分を、ただただ、ありのままに受け容れてください。

⑤親との関係

ここであなたは、対象となる人と、自分のどちらかの親とに、関連性を見つけます。自分の親を裁いたり、責めたりしたことがありましたか？（私の場合は「許しのステップ」によって解決したい対象が、直接、両親との関係なので、ここでは省略します）

その両親と、あなたは共通する恐れを持っています。親も人間です。自分が非難したのと同じ理由で、相手も自分を非難した可能性があるでしょうか？　ちょっと考えてみてください。

⑥相手にそれを表現したいと考えてみる

あなたが、⑤までに考えたり書き出したりしたことを、相手に伝えている場面を思い浮かべてみます。もし、思い浮かべてみて気分が良いままだったら、行動に起こすための準備が、すでにできています。

反対に、もし、想像してみて、気分がよくなかったり、恐れが勝っていたりしたならば、まだその準備はできていないので、自分に必要な時間を与えてあげましょう。

⑦相手に会いに行く

自分を責める気持ち、相手を責める気持ち、その両方がなくなり、準備ができたならば、いよいよ相手に会いに行って、自分の発見したことを伝えます。

もし、相手を責める気持ちが残っているにもかかわらず、相手に伝えに行った場合、相手は、少しでも自分が責められていると分かると、それを敏感に感じ取ります。

人は、責められていると分かると、心を閉ざすものです。ですからあなたには、充分に時間をとり、自分を許し、相手を責める気持ちが完全になくなってから行動を起こすことを、おすすめします。

＊　＊　＊

「恐れ」と「思い込み」で何十年も続いた私の中の悪循環には、母にこてんぱんにやられた弱くて無力な自分を許し、母を許し、受け容れることが必要でした。

自分を殺し、耐え、波風を立てず、服従し、ピエロのようになっているときの自分の一部を認め、「そういうときもあるよね、そういう自分もいるよね」と愛することからしか、変容は起きません。

同時に、まだ私の一部で生き続けている、自分を殺し、耐え、波風を立てず、服従しなければ安全を確保できなかった少女時代の苦しみを、もう一度、大人の私が発見し、それを認め、感じ取り、慰め、心からすっきりしたときに初めて、この思い込みから解放されるのです。そして、何も犠牲にすることなく、自分に正直に生きたとしても、安心、安全に暮らすことができるようになるのです。

実はこの、安心や安全に関わる思い込みというのは、多くの人が共通して持っている思い込みです。


「安定した収入を失ってしまうから、嫌いな会社を辞めることができない」

「フリーで働いているが、収入のために嫌な仕事を断れない」

「パートナーと別れたくても、経済的な事情で別れられない」

以上のような、安全に関わる思い込み、恐れを、多くの人が持っています。

そして、何度もお伝えしているように、恐れというのは、願いを現実化させるのと同じように、恐れも確実に現実化させるだけの「パワー」を持っています。そして、私のように、知らずに恐れを現実化させるのです。そして、何度も何度も、恐れを現実化させることによって、

「何度もこんなことが起きるのだから、これは真実なのだ」

と信じ、ますます恐れを強化してしまいます。

自分（の知らずにいた恐れ）が、自分の人生を創ったのです。

24時間、絶えず自分が、自分の人生を創っているのです。自分が良いと思うことも、嫌だと思うことも、すべてです。

しかし今、自分に正直に生きたい、自分の人生の舵《かじ》は自分でとりたい、そう願い、行動

し始める人が、ますます多くなっていると私は感じています。

自分の願いを実現させるために行動を起こしながら、同時に、自分の中にある思い込みや恐れを発見し、それを認め、その思い込みと恐れを作った時点での苦しみから解放されたとき、あなたの願いが叶うスピードは倍増し、二度とその思い込み通りの人生に引き戻されなくなるのです。

11章　〈罪悪感〉から解放される

ここまで、人生をニーズや願望の方向に進めるのに「恐れ」と「思い込み」が障害になっていること、また、それとどう向き合えば良いかを説明してきました。この「恐れ」や「思い込み」を見つけるのに、「罪悪感」という感情は、とても大きな手がかりとなります。

以前、来日した際に、リズはこんなことを言っていました。

「私は、世界じゅうの人びとから罪悪感をなくすために、この仕事を続けているのです」

それほど、誰もが持ち、そして人生に制限を与えているのが「罪悪感」なのです。

「頑固の仮面」が強く、感情が自分の気持ちから切り離された人であっても、「罪悪感」は感じやすいものです。

「罪悪感」とは、まるで罪を犯したかのように、自分を責める、非難する気持ちです。

私たちは長く、両親や大人、学校などから教えられてきた「こういうことは正しい」「こういうことは間違っている」という価値基準、善悪の判断に基づいて生きてきました。


日本人は、よく「自分を犠牲にしてでも、他者を助けることが尊い」と教えられます。

こういった教えを受け、大人になるまで自分よりも他人を助けることが正しいと信じて生き、もし、大人になって何かの拍子に他人よりも自分を優先するような決断を下し、実際にそうしたならば、その人はそのときに、とても大きな罪悪感を感じるでしょう。

このように、自分が意識している、していないにかかわらず、自分の感じる罪悪感は、いつも自分の持つ価値観の中にある「善悪の思い込み」から生じてきます。

それは、「本当の自分」が人生を進めている状態ではなく、善悪の価値観を持っている「エゴ」が、人生を進めているということでもあります。

そして、私たちは、自分が「こんなことを言ったり、やったりすることは悪いことだ」と思っていることを、別の誰かが平気で言ったり、やったりした場合、とても嫌な気持ちになります。自分がそれをやる勇気がない場合には、相手に説教をします。それによって、相手に罪悪感を抱かせようとするのです。

自分では到底できないことを平気でやる他者の姿というのは、非常に気に障るものです。そのような人が、なぜ自分の人生に現れてくるのかと言うと、罪悪感を感じる側の人が、いかに自分をコントロールしているか、また、自分の中の「ある側面」を受け容れていない、自分自身への愛情に欠けている、ということを教えてくれるためなのです。

私は2章で、こんなお話をしました。

当時、娘を実家に預けていた際、同じ年頃の子どもを持つある女性に、「自分で子どもを育てないなんて無責任だ」と責められたことがありました。

それは、私が罪悪感を持っていることを気づかされる出来事でもあり、また同時に、それを私に言った人にとっては、「もし彼女と同じことをしたら、自分は大きな罪悪感を持つだろう。だからそれは、自分にはできない悪いことなのだ」、という価値観を持っていることを表していたのです。

自分の持つすべての価値観のうち、これからは、自分にとって必要なものだけを選ぶ必要が出てくるでしょう。ここまで読んだあなたは、もう、自分のニーズや願望に沿って人生を創っていくと決めたのですから、人が決めた価値観で生きる必要はないのです。

もちろん、社会で生きていく上で、必要なルールはあります。ここで問題になるのは、「自分の持つ罪悪感があるがゆえに、自分のニーズ、願望が聞けないとき、その罪悪感を抱く原因になっている価値観を見直す必要がある」ということなのです。

では、なぜ私たちは罪悪感を持つのでしょうか？

罪悪感は、良心の呵責や、自分の善意を相手に示し、自分が良い人であると相手に思われたい、また、自分自身でもそう思いたい、という気持ちから起きています。そして、ある出来事に罪悪感を抱くことによって、そのことを「二度と」やらないだろうと思うのです。

でも実際には、そのように機能しません。

自分を責めれば責めるほど、同じことが繰り返されるのです。

罪悪感に最も繋がりやすい、一般的で、大多数の人が持っている思い込みは、「他人の反応」「他人の気持ち」「他人の幸せや不幸せ」は、自分に責任があるという思い込みです。

こうした罪悪感から解放されていくためには、ここでも、「本当の責任」について理解し、実践していかなければなりません。

私たちは、ほかの人を幸せにする能力を、誰ひとり持ち合わせていません。

他の人を幸せにするためにこの世に生まれてきた人も、誰ひとりとしていないのです。

私たちは、自分が決心したこと、自分が選んだ反応や行動、その結果に責任があります。

同じように、愛する人の身に起きたことに関して、その人が決心したこと、その人が選んだ反応や行動、その結果は、その人自身に責任があるということを、改めて理解しなければいけません。

この「責任」という意味を本当に理解できると、罪悪感を持たなくなっていきます。

せっかく、たくさんの経験をするためにこの世に生まれたのですから、罪悪感なく、さまざまな経験をすることを、自分に許してあげましょう。

ここで、「責任感がある」ということと、「約束を守る」ということの違いを説明しておきたいと思います。

先に説明したように、「責任感がある人」というのは、自分の持つ大きな創造力を使い、自分に起きているすべてのことは、自分が創ったということを知っています。もし、自分が望まないことを実現したとしても、その原因は外の状況や他人がもたらしたものではなく、自分の内側の恐れや思い込みが原因であることを知っています。

責任感がある人は、自分のことも、他人のことも責めません。人生で起こるどんなことも、自分が選んだ反応の責任は100パーセント自分にあると考えます。

私たちは、自分が選んできた反応や行動や結果に、もう耐えきれなくなって嫌気がさしたとき、「もう変わろう」「もっと良い選択をしよう」と考えます。このときに、「責任」と「約束」を区別することが、とても大切になってきます。

「責任」というのは、自分の行動、決断、反応の結果を引き受けることです。

それに対して、「約束」というのは、自分と相手のあいだではっきりと合意したり、了解しあったりした、口頭や書面での取り決めのことを言います。

責任は、自分の在り方、つまり存在のレベルにあるのに対し、約束は、「する」「持つ」といった、行動、所有のレベルの話になります。

例えば、「常に穏やかな人でいる」という約束ができる人はいません。それは、自分をコントロールし、自分に過剰な要求をし、自分らしくないことを求めていることになるからです。時には穏やかでいられないときもある。それが、人間なのですから。

そういうわけで、私たちは自分や相手に対して、穏やかな人であるとか、忍耐強い人であるとか、優しい人であるとか、包容力がある人であるとか……とにかく、「○○な人」ということを、約束できないのです。

一方、自分や相手と約束するというのは、「○○をする」「○○を持つ」といった、行動や所有レベルのことなのですが、これには必ず、両者の合意が必要です。

しかし、よくある傾向としては、親しい人と一度約束をしたことで、ずっと相手にそれを期待し続けてしまったり、相手に愛されたいがゆえに、自分にその約束が守れるかどうか分からないのに、安易に承諾してしまったりすることもあります。

また、上の立場の人から一方的に言われ、何の交渉の余地もなく何かを引き受けたような場合には、それは約束ではなく、命令なのです。この場合も、両者が合意して約束をしたということにはなりません。

約束というのは、常に両者が同意していることを言います。人と約束できることは、行為に関係したことだけなのです。そして、先の命令の例のように、明確な約束をしていない場合には、あなたはその約束を守る必要はありません。その上で、「相手と約束をしたら、それを覆してはならない」という思い込みを変えていく必要があります。

人は、約束して行動してみて初めて、自分の限界に気づくときもあります。自分にその約束が合っていたのかどうかは、行動してみた後でないと分からないものなのです。

そして、そういうときは、正直に約束を解消すれば良いのです。「約束を解消することは悪いことだ」と子どものころから教え込まれていると、ついには約束すること自体を恐れ、誰とも約束ができなくなってしまいます。

ちなみにこのようなケースは、特に、「裏切りの傷」の強いタイプの人たちに見受けられるようです。

約束をするときに、もしそれを解消することになった場合にはどうするか、ということを決めておくのも一つの方法ですし、いずれにせよ、約束を解消したときの結果を引き受ければ良いだけなのです。

「約束する」ということには、実は、良いこともたくさんあります。例えば、人生に方向性を示してくれることです。

例えば、あるカップルが結婚することになったとき、その結婚生活でお互いにどんなことを守り、その約束を守れなかったらどうするのか、当事者の二人がよく話し合って合意に至っていれば、その結婚生活の方向性は、非常に確かなものとなります。

逆に、感情のおもむくまま、または時流の勢いだけで結婚に至り、お互いの結婚生活に関するニーズや願望の合意に関する約束がないまま、それぞれがバラバラの望みを抱え、漫然と結婚生活を送った場合、二人の方向性は定まらず、遅かれ早かれ、その生活には、ほころびが生まれてしまうでしょう。

あなたの内面で起きていることは必ず、現実の世界やあなたの肉体を通して、メッセージとなって送られてきます。それは、あなたが今、採用している考え方、思い込みが、あなたの役には立っていないというメッセージです。

例えば、「五つの傷」が、からだの特徴として現れるように、また、私の病気の前兆として現れた「耳鳴り」が、「自己コントロールを失うこと、バランスを失うことを恐れ、自分の恐れを押し隠してまでバランスを取ろうと」していたことの表れであったように、「罪悪感」に関しては、「ケガ」や「事故」という形で現れることが多いです。

私は、娘を実家に預けている数年間、頻繁に車の事故を起こしていました。そのうちの1回は、相手の車を跳ね飛ばし、2回転させ、全損させるほどの大事故でした。

奇跡的に相手の方も、私も、後部座席に乗っていた娘も皆、無傷で、事なきを得ましたが、さすがにそのときは、「あぁ、とんでもない事故を起こしてしまった!」と、一瞬で全身の血の気が引くのを感じました。そして、娘はあまりの状況に「ママが、ママがどこかに行っちゃう!」と大泣きしていました。

その後は、相手の車を弁償することで示談になり、事故の規模からすると本当に幸運としか言いようのないほどあっさりと済んだのですが、そのことで私は、娘と離れて暮らしていることへの罪悪感が、自分にとってどれだけ根深いものであるかに、気づかされたのです。


確かにそのときの私は、父と母の力を借りなければ、娘を育てることはできませんでした。そうした、一人では娘を育てられないという状況において、私の望みは、「自分の限界の声を聞くこと」でした。しかし、そのニーズを聞くことに、何より罪悪感を持っていたのです。

この事故は、私が、「自分のニーズを聞くことに罪悪感を抱いている」ということを教えてくれました。

私にはこのとき、自分のニーズを聞き、湧いてくる罪悪感を責任に変える生き方をするか、あるいは、もう罪悪感を見なくて済むように、自分のニーズをあきらめるか、二つの選択肢がありました。

そして私は、この事故をきっかけに、自分のニーズへ向かうのか、罪悪感を見なくて済むようにするのか、真剣に向き合うこととなり、私は「まだ罪悪感を感じるとしても、自分の望んでいる方へ行こう」と決めたことを覚えています。

実はこのとき、私の母もまた、子どものころの私に対して行っていたことに罪悪感を持ち続けていたことが分かりました。

それは、このような言葉に表れました。孫の面倒を見ることについて、「はる奈に対しての罪ほろぼしだ」と、言ったのです。

普段、強く凛としている母が、「罪ほろぼし」という言葉を使ったことに、私は驚きました。母は母で、私と同じように長いあいだ苦しみ、自分を許せないでいたのです。

罪悪感を感じるときは、必ずそこに自分のニーズがあります。

ですから、「そのニーズを聞いてあげると、どういう結果が起きるのか？」と想像してみるのです。

そして、「ニーズを聞かない方を選んだとき、どんな結果が待ち受けているのか？」も想像してみます。

その結果、今の自分が限界を超えない範囲で、どちらかを選べば良いのです。

限界を受け容れていると、次第に、以前は限界だったことを容易に乗り越えられるようになり、少しずつ自分の望んでいる方へとニーズを進めることができます。


少し前に、ふとこの事故のことを思い出し、スクールの生徒さんにお話ししたことがありました。そうすると、生徒さんのお兄さんが、罪悪感の表れとして何度もケガや事故をしていることが分かりました。

そのお兄さんは、ここ数年、夫婦関係がうまくいかず、離婚を前提に別居すべきかどうかで悩んでいました。

しかし、悩みながらも日々の暮らしに忙殺され、妻と具体的な話をすることもなく、毎日をやり過ごしていたそうなのです。しかし、ある日を境に急激に現実が動き始めました。

まず、仕事の接待で数年ぶりに訪れたゴルフ場で、他のホールから飛んできたボールが後頭部に当たって脳しんとうを起こし、病院に運ばれたのです。幸い、どこにも異常はなく、翌日退院することができましたが、それから数日後、今度は朝の通勤時に駅の階段を踏みはずし、足首を複雑骨折する大ケガを負いました。

さらに、ようやくそのケガが治ったと思った数カ月後、今度は子どもを塾に送った帰り道で、またも接触事故を起こしたというのです……。

その話を聞き、しばらくして、私はその方にお会いする機会がありました。


彼に会って、これまでの経緯をお聞きしていると、夫婦には、子どもが二人おり、中学生の長女からは、

「本当は嫌だけど、お父さんとお母さんがうまくいってないのは、何となく分かってる。私たちは気にしないから、別れてもいいんじゃない？」

と言われていたそうなのです。

当初彼は、物わかりの良い子どもたちで良かったと、喜んでいましたが、私が、

「でも、ケガや事故は、あなたの罪悪感が引き起こしたことかもしれませんよ」

と指摘すると、しばらく考え込んでから、

「確かに、子どもたちからそんな提案を受けるほど気を使わせているにもかかわらず、自分は妻と向き合わず現実から逃避している弱い父親だと、子どもたちに対して罪悪感を

持っていたことに、いま気がつきました」と、言いました。

彼の育った家庭環境や価値観の中では、「男は強くあらねばならない」という思い込みがとても強くありました。

そういった状況の中で、自分の価値観に反したことをしている自分や子どもに対して罪悪感を持ち、わずかな期間にケガや事故を大量に引き寄せ、大きな代償を払ったことで、自分の内面で何が起きているのかに、ようやく気がついたのです。

その後、さらに私は質問し、彼が本当はどうしたいのかを聞きました。すると彼は、「難しいかもしれないけれど、やはり家族4人で仲良く暮らしたい」と、答えたので、私からは、少しずつでも妻と話し合う時間を持つようにおすすめしました。

当初はぎくしゃくしていたようですが、あれから数年がたち、彼の家庭は、次第に温かさを取り戻しているようです。

さて、ここで、多くの人が、お金に関しての罪悪感を持っているということを説明しようと思います。お金や物に関して罪悪感を持っていると、「失う」という現象が起こります。

昨年、こんなことがありました。私のお店で働いているスタッフの女の子が、お客様に気に入られ、あるとき一緒に食事に行き、そのあとカルティエでブレスレットをプレゼントされました。それは、良質なダイヤモンドがあしらわれた、高額なアクセサリーでした。

私を始め、他のスタッフも皆、彼女が美しいものを受け取ったことを喜びました。中には、羨望のまなざしで見ている子もいました。ただ、当の本人は、なぜか浮かない顔をしていたのです。私は、そのときは、そのことについて深く追求しませんでした。

その日の深夜、彼女から私に連絡がありました。なんと、その日のうちに、そのブレスレットを失くしてしまったというのです。

詳しく聞くと、本人も知らないうちにブレスレットの留め具がはずれてしまっていたらしく、お店を出るときには確かに腕につけていたはずなのに、家に帰ったときには跡形もなく、どこかで失くしてしまっていたというのです。

この現象を、単に不注意で失くしたという捉え方もできるでしょう。しかし、この出来事を「罪悪感を持っている」という視点から見ると、彼女の内面で何が起きていたのかを知る、良いきっかけにできるのです。

私は彼女に、「スクールでこのような考え方があるのだけど、知りたい？」と尋ねました。彼女がぜひ知りたいと言うので、スクールで教えている「罪悪感」について、彼女に説明しました。

彼女は、そのお客様と一緒にブレスレットを買いに行ったときから、半分嬉しい気持ちと、もう半分はソワソワして落ちつかない気持ちがあり、あまり気分が良くなかったと言いました。しかし、なぜ、そのような美しいギフトをもらったのに、気分が優れなかったのかが、自分でも分からなかったそうです。私が罪悪感について説明すると、彼女は、「何もお返しをしないのに、自分が高額なプレゼントをもらうということに、強い罪悪感を抱いていたことに気がつきました」

と言いました。彼女は、いただきものをしたら、それ相応のお返しをしなければいけない、という価値観を持っていました（一般的には、多くの方がそう思っているはずです）。

そのため、彼女は、自分だけが一方的に受け取ったことに関して強い罪悪感を感じていたのです。

続いて彼女は、「ただ喜びと感謝をもって、ありがとうと受け取ることができれば良かったのに」と言いました。このとき、彼女が望んでいたことは、「純粋に喜びたい」ということだったわけです。

「罪悪感」が私たちの望む結果をもたらすことは、絶対にありません。

むしろ、自分を責めれば責めるほど、同じような状況は繰り返し起きてきます。

私たちを責める人が現れたとき、それは、自分が持つ罪悪感がどんなものなのか、知るチャンスです。

また、私たちが誰かに罪悪感を抱かせようとしたとき、それも、自分の罪悪感に気づくチャンスです。

私たちの周りにいる人たちは、そのために存在し、私たちが自分のまだ気づいていない側面に気づけるように、役に立ってくれているのです。

罪悪感は、人が苦しんだり不幸になったりする大きな原因の一つです。

自分に限界があることを認め、さまざまな経験を通して自分を愛するという、本来の目的をさまたげるからです。自分の罪悪感に気がついたら、ぜひ次のような質問をしてみてください。

「私は、(誰かに対して) 本当に悪いことをしたのだろうか?」

「(罪悪感を感じたときに) 自分が本当に望んでいたことは何だったのだろうか?」

「本当の望みに自分が応えると、どういう結果が起こり得るだろうか?」

「また、その結果を引き受けられるだろうか?」

長年、自分の価値観として根づいていた善悪の基準を取りはずすのは、一朝一夕にできることではありません。しかし、少しずつ、罪悪感をヒントに自分の望んでいることを見つけ、それに応えてあげてほしいのです。

最初はまだ、「恐れ」が強くて、新しい行動を起こしても胸がザワザワするかもしれません。それでも、あなたの人生に責任があるのは、あなただけなのです。

では、「もう罪悪感を抱かなくなった」というのは、どうすれば分かるのでしょうか?

一つめは、これまで他人から責められていたことが、責められなくなったとき。

二つめは、以前なら相手に罪悪感を抱かせようとしていた出来事に、まったく心が乱されなくなり、相手に説教をしたり、相手を変えるようなコントロールをしたりしなくなったとき。

このように、自分の新たな側面に気がつき、愛情を持って受け容れられたとき、自分と自分の関係はもちろん、自分と他者との関係も、さらに快適さを増していくのです。

12章　自分を愛し、自分の人生を信頼する

この最後の章では、自分が自分の人生の主人公になって生きていく上で、絶対にはずせない「自律」についてお伝えしたいと思います。

私たちが目指したいのは、「感情の自律」です。

経済的に自立する、もしくは、一人で誰にも頼らず何でもこなそうとするような、「すること」や「持つこと」に関する「自立」と、多くは混同されています。

例えば、大きな企業の社長のように、多くの社員に給料を払うような立場にある人であったとしても、必ずしも感情面で自律しているわけではありません。

感情面での自律を目指すために、最初に確認しなければならないのは、あなたの依存心がどの程度あるのかということです。

私たちは、幼少期に、両親やその代わりとなる人たちから、必ずしも自分が欲しいと思った愛情を受け取れたわけではありません。

多くの人が、子どものころに自分が欲しいと思った種類の愛情をもらえず、心の奥底に大きな空虚感を持ったまま大人になります。

そして、それがとても苦しいため、何かの物質を使って現実逃避することで、その空虚感をまぎらわそうとします。その結果、そこで得られる一瞬の「快」によって、本当に自分の探し求めていた幸せや、埋めたかった虚無感が、自分の内側ではなく、外側にあると勘違いしたまま納得してしまうのです。

物質への依存がある場合は、必ず感情面での依存がそれを引き起こしています。

よくある依存は、お菓子などの甘いもの（糖分）、炭酸飲料、タバコ、コーヒー、アルコール、白いご飯やパン（炭水化物）、読書、テレビ、電話、パソコン、ゲーム、インターネット（ＳＮＳ）、セックス、ジムなどでのトレーニング、仕事などです。これ以外にも、１週間それがなくては生活するのが難しいというものは、すべて依存です。

例えば、夕食の前に必ずビールを１杯飲む習慣があるとします。このとき、純粋に食前の１杯が「好き」で飲んでいるという場合には、依存とは言えません。

それが依存なのか、単に好きだからなのか、どちらなのかを確かめるためには、１週間それをやめてみて、どのような気持ちで過ごせるかを確認してみましょう。

もし、やめてみて気持ちが不安定になるようだったら、それは依存だと見て間違いありません。そして、１週間やめてみたときに、その不安定な気持ち、気持ちの動揺が大きければ大きいほど、依存度は高いと言えます。

こうした物質への依存度が高ければ高いほど、あなたは人への依存度もまた、同じくらい高いと言えます。それは、自分への愛がまだ足りていないということなのです。

物質的な依存は、他の人に対する感情面の依存を反映しています。そして、感情の依存は、以下の７種類に分けることができます。

①人からの同意や意見に依存する

このタイプの人は、自分ひとりでは何かを決断することができず、必ず他人の賛成や意見を必要とします。他人の賛成がないと、自分の決めたことに自信が持てないのです。相手の同意、賛成を愛情と捉えているため、相手が賛成しない場合、表面上はあっさりあきらめてしまう反面、感情をひどく乱します。こうした人は、「自分ひとりでは間違う」という思い込みを持っています。

②人からの褒め言葉に依存する

このタイプの人は、自分の能力や外見に不安を持っています。それらに対して、他人から褒められないと安心することができないのです。

完璧主義者であることが多く、人から褒められるためなら、どんなことでも積極的に行います。自分の成果、苦労ばなしばかりを話すのは、相手からの褒め言葉を期待してのことです。

そして、「常に完璧でなければならない」という思い込みを持っています。

③認められることに依存する

このタイプの人は、何をしても、自分が充分なことをしていると思えず、社会から認められることによって、最も安心します。

自分が大きな責任を取れる立場にいることをやたら誇示したり、人生において何かビッグなことをやり遂げたいと思ったりしています。

しかし、よほど大きな成果を挙げないと、自己評価が低く、満足することができません。

こういう人は、「他人には自分を責任ある人物だと見せるべきだ」と思い込んでいます。

④人の存在に依存する

このタイプの人は、とにかく自分のそばに誰かがいてくれるだけで安心します。

子どものころに、「一人きりにさせられるのは愛されていないからだ」と結論づけ、そう信じ込んだことに由来します。

家に遊びに来た人が帰ろうとすると、できるだけ長くいてほしいと無闇に引き止めたり、帰ったあとにひどく落ち込んだりします。特に用事がなくても、長電話ばかりする人が多いのも特徴です。

そして、いざ一人になってしまうと、携帯電話を肌身離さず持ったり、見てもいないのにテレビをつけっぱなしにしたりします。

パートナーが隣にいないと、なかなか眠れないという人も多く、人がそばにいてくれることを愛情だと捉え、誰かがそばにいると気分が良く、「自分ひとりでは何もできない」という思い込みを持っています。

⑤人からの注目や関心に依存する

このタイプの人は、誰かの注目や、関心を引くことを必要とします。「人の存在に依存する人」とは違い、そばにいてくれるというよりも、人からの注目、関心がなければ、満たされません。

誰かと会話しているときにも、いつのまにか自分の話に持っていったり、人の話題に割り込んだり、さえぎったりすることが、たびたびあります。

子どもの成績が良いと、自分の存在を認められたと感じる母親や、銀行の預金残高や財産がたくさんあれば、自分を特別な人間だと思える人、旦那さんのステータスが上がると、自分のステータスも上がったと感じられる女性も、このタイプです。

「他人からどう思われているかが、人生の価値基準だ」という思い込みを持っています。

⑥他の人を幸せにすることに依存する

このタイプに限らず、子どものころというのは、誰でも、何かを自分のせいにする傾向にあります。ただ、この人たちは、両親が不幸せな状態にあることを、自分のせいだと思いました。

両親を助けなければ、救わなければと思い、彼らを助けると自分も幸せになれると思って生きてきた傾向が強い人です。

自分の周囲の人を救い、幸せにする義務があると思い、そうすれば、自分も幸せになると考えます。

もし、誰かの気に障るようなことをしてしまうと、自分を激しく責めたてます。

周囲の人の、特に愛する人の幸せと不幸せに、完全に自分を同一化させます。こういう人は、「他人のことを救わなければならない」という思い込みを持っています。

⑦自分が人の役に立っていることに依存する

一見、「他の人を幸せにすることに依存する」タイプに似ているように見えますが、このタイプの人は、「あなたがいてくれたおかげよ！」と言われたいタイプです。

人からの「感謝」に依存します。人から求められていないのに、すぐ人を助けたがります。そして、人の役に立っていると自分の存在意義を感じられるので、人から何か頼まれることを好みます。

たとえ相手が迷惑だと感じていても、相手の問題に介入したがり、解決の手助けをすることに喜びを感じます。本人は、おせっかいだと思われていることに気がつきません。

こういう人は、「自分を犠牲にしなければならない」という思い込みを持っています。

以上のような依存の原因は、両親からもらえなかった種類の愛情がもとになっており、大人になってからは、そういった愛情をパートナーや子ども、友人などを通して得ようとします。しかし、ここで誤解してほしくないのは、私は、依存しているものを自分でコントロールし、無理してやめることをおすすめしているわけではない、ということです。

*　　*　　*

「依存」という言葉に嫌悪感や抵抗を感じる人は、特に注意が必要です。そういう人は、自分が「依存することもある」ということを認めたくありません。そのため、自律した人ではなく、独立した人になろうとする傾向にあります。

しかし、自律と独立は、似て非なるもの。まったく違います。

「自律している人」は、自分の望むことを自分で決め、行動を起こし、そして自分なりの方法で望みが叶えられなければ、躊躇《ちゅうちょ》なく、他人に助けを求めることができます。そして、もし相手に断られた場合でも、また別の人にお願いしに行くことができます。

一方、「独立している人」は、助けを求める人＝依存した弱い人と考え、なかなか人にお願いすることができません。それでも意を決して助けを求め、万が一、断られるようなことがあると、相手に対して怒りを感じます。そして、ますます頼るのは自分しかいないという思いを強めてしまうのです。

独立している人にとって、「依存する人」は、自分が最もなりたくないタイプなので、そういった人を見ると抵抗を感じ、また、依存という言葉にも拒否反応を示します。

独立している人は、単に依存へのリアクションとして独立しているだけなので、自律しているとは言えず、むしろ依存の「ある側面」が強く出ていると見るべきです。

これらを私の子ども時代の経験に照らし合わせてみると、まず父に「安全な環境を与えるという愛情」を注いでほしいと思っていました。いつもそばにいて、私を守ってほしいと願っていました。それは大人になって、いざというときは異性の人に、そばにいて守ってほしいという期待へと繋がりました。

ですから私の場合、「人の存在に依存する」傾向があることに気がつきました。それは、今でも残っており、いつもではありませんが、いざ何か起きたときには誰かにそばにいてほしいと思います。

そして、母に対しては、たとえ私が有能でなくても、ただただ優しく温かく包んでほしかった。そして、何かが達成できたときには、それを当然とするのではなく、ちゃんと褒めてほしかった、と期待していました。だから大人になって、同性との関係の中で、特に自分よりも目上の立場の女性に対して、褒められることを期待し、褒め言葉に依存する傾向があるタイプであることに気がついたのです。


では、私の両親が、今から私の期待しているものを与えてくれるでしょうか?

答えはノーです。

大人になってからも、両親に期待していたこと、そして、その人間関係を転写させ、現在まわりにいる他人に期待していることが、自分が期待しているときに、期待した分だけもらえるということは、まずないでしょう。


自分の内側にないものは、外側の世界で得ることはできないのです。

私たちは、自分の中に存在するものを、外の世界に見いだします。

また、自分が蒔いたものしか、刈り取ることはできません。

自分が、自分への愛情がなく、他人へも愛情を注ぐことができないのに、どうして他人から愛情を受け取ることができるでしょうか?

今のあなたの人生は、少し前までにあなたが蒔いた種を刈り取っている結果なのです。

意識して蒔いたこと、知らずに蒔いたこと、すべてが原因となって、今のあなたの人生を創っています。このことは、多くのスピリチュアルな本や教えの中で、

《原因と結果の法則》
《作用・反作用の法則》
《ブーメランの法則》
《引き寄せの法則》

などと呼ばれています。それは、本当にシンプルなことです。イチゴの種を蒔けばイチ

ゴを刈り取ることになり、決してメロンを刈り取ることはできないのです。

あなたが蒔いた愛の種は、どんな種類のものでしたか？　真実の愛でしたか？　それとも、見返りを期待しての、恐れからの愛でしたか？　それは、今のあなたの現実を見れば、すぐに分かることです。

もし、あなたが今、つらい状況の中にいるとするならば、リズはそれを、このように説明します。

「繰り返し同じようなつらい状況に遭遇し、しかもその理由が分からないとしたら、それは幼い頃から蒔き続けてきた種が、今実りをもたらしている、と考えるべきでしょう」（『〈からだ〉の声を聞きなさい』p73～74）

これは、あなたが苦しみを持ち続け、それを長いあいだ解き放っていないため、苦しみの種を蒔き続けることになっている、ということなのです。

蒔く種は、あなたの心しだいで、何にでも変えることができます。今すぐにでも、変えることができるのです。もし、あなたが愛の種を蒔けば、あなたは必ず、愛を刈り取ることになっているのです。

スクールの本部はカナダのケベック州にあるため、公用語はフランス語です。フランス語で《愛情》を意味する言葉＝アフェクション（affection）には、《関わる》《誰かと関わり、影響を与え合う》という意味も含まれています。

人は、人との関わり合いの中で、自分に関心を向けてもらったり、相手に関心を向けたりする愛の循環なくしては、絶対に生きられないのです。

あなたが今、愛が足りないと感じるのなら、まずあなたから、拒絶される恐れを乗り越えて、愛の種を、つまり人への関心を向ける必要があります。

あなたが周りに関心を示せば示すほど、あなたも周りの人から関心を持たれるようになるでしょう。

もしあなたが豊かになりたいのであれば、あなたから豊かさの種を蒔く必要があります。

私は、銀座のクラブで働いているときに、「本当に豊かだな」と感じる人たちに出会いました。そういう人たちがどんなお金の使い方をしているのかを観察していると、彼らは何の見返りも求めず、期待もせず、自分が「与える」ことの喜び、また相手の喜ぶ顔を見たいという理由だけのために、お金をプレゼントしていました。

彼らは喜びのためにお金を手放し、そしてまたどこからか、それ以上のお金を受け取り、循環を起こしていました。また、相手が自分自身で経済力を持てるように、仕事を与えるという方々もいらっしゃいました。

豊かさの種は、今すぐに蒔くことができます。

周りの人が、彼らが望むような収入を得たり、望むような生活ができたりするように、あなたが持てる限りの「繁栄のエネルギー」を送るのです。

そして、実際の生活の中で、何かを支払う際は、常に感謝の気持ちを持って支払い、自分の支払ったお金が巡り巡って誰かのところに届き、誰かが豊かになることを願いましょう。

その思いやエネルギーは、きっと、あなたの元にいずれ帰ってきて、それをあなたが刈り取ることになるのです！

お金そのものや、繁栄のエネルギーを循環させる際に、あなたから放出することが大切なのです。

そして、何よりも忘れてはならないのは、自分への愛情です。

できうる範囲で、自分の心やからだが望んでいることを聞いてあげる、限界を聞いてあげる、自分の望まないことを断ってみる、など、自分への愛だと感じることを、少しずつで良いので、とにかく実践することです。

私たちは、こうすることでしか、愛情の自律を手に入れることはできません。

これは、これまで他人からしか、もらえないと思っていたもの、例えば、褒め言葉や認められること、関心や注目、誰かがそばにいてくれる安心感など、子どものころに不足していたと思うことにも同じことが言えるのです。自分が他人に期待していたものを、まず、自分が自分に与えてみてください。

例えば、あなたが褒め言葉に依存していたことに気がついたならば、鏡の中の自分に向かって、自分をたくさん褒めてあげましょう。

「あなたは素敵だよ」

「あなたは有能だよ」

「あなたは愛されるに値する存在だよ」

こうして、自分が欲しかった褒め言葉を、まずは自分で、一つ一つ満たしていくのです。最初はその言葉が信じられず、自分にかけている言葉なのにもかかわらず、違和感を感じるかもしれません。それでも毎日、毎日、続けてください。次第に、かけている褒め言葉が自分の真実になっていきます。

このようにして、少しずつ自分の愛情面が満たされていくと、今まで依存していたものを、他人に求めないでよくなります。

まず、依存している部分を見つけたら、今はその自分をそのまま許してあげましょう。自分に必要な時間を、充分にかけてください。

私が、リズ・ブルボーとスクールの存在を知ってから、11年が経ちました。それまでの私は、愛というものは、誰かを愛するか、誰かから愛されるかの、どちらかしかないと思っていました。ですから、100パーセント、自分の意識は、外側の状況や人間関係に向いていました。

しかし、スクールに出会い、「外側で起きていることは、自分の内側で起きていることの反映にすぎない」ということを学び、始めはとても驚きました。そして、外側の世界に100パーセント意識を向ける方法が限界に達した31歳のときから、自分の人生は大きく変わり、今では自分への愛を教える立場になりました。それは、11年前の私には想像もつかなかった世界です。

それまでの私は、「自分への愛」と聞けば、なんだかナルシストのような、自意識過剰な人のような気がして、そうした言葉に抵抗すら感じていました。

しかし、自分への愛というものが、

自分の弱さや欠点を受け容れ、

自分の限界を受け容れ、

苦しんできたことを受け容れ、

なりたくない自分を受け容れ、

自分の知らなかった自分の側面に光を当てること、

だと気がついたとき、なぜ、私がこのスクールの主催者をすることになったのか、本当によく理解できました。

このスクールで学んだ多くのことの中で、とても印象的だったことがあります。まだスクールに通い始めたばかりのころに、リズが言っていた、

「人に何かを教えるということは、教える内容のプロフェッショナルになったから教えられるのではなく、自分にその教えの内容が必要で、教える本人が学ばなければならないことだから、教えているのです」

というものです。そういう意味でも、私は本当にゼロからの状態で、自分への愛を学ぶことができました。今の私は、まだまだ充分に自分を愛し、満たしきっている状態にまでは至っていませんが、一歩一歩、確実に前に進んでいるという確信を持っています。

私もまだ、愛を学ぶ旅の途中にいます。自分の中の、ある側面しか認められなかった以前の私に比べ、自分の弱い部分や、傷つきやすい部分を認め、人に見せられるようになったことで、生きていくことが、とても楽になりました。

以前は、今では信じられないほど、受け容れられないことが本当にたくさんありました。例えば、怠ける人、自分勝手な人、攻撃的な人、嫉妬する人、感情的な人、依存体質の人、繊細すぎる人などとは、なるべく関わりたくないと思っていました。

そして、そういった人物が現れるたびに、反応したり、感情に翻弄されたり、責めたりすることが多かったのですが、スクールでの学びを通じて、こういう人というのは、自分の中にもそういった部分があることを認める必要があるために、自分の前に現れているのだと知りました。

そして、自分の中にある、そういう部分を受け容れられたことで、現在の私は、人に対して、もうそれほど反応することもなくなり、平和で穏やかな日々を送れるようになったのです。

子どものころから持ち続けてきた母親への憎しみ、父親への失望、たくさんの苦しみや怒り、どうすることもできなかった無力感。これらに蓋をして、31歳までは、ずっと見ないふりをしてきました。

しかし、その蓋を勇気を持って開け、その気持ちを時間をかけて解放していくことによって、本当に心から自由になっていったように感じます。

そして、「人と比べる」ということが、いっさいなくなりました。

人それぞれ生い立ちが違い、考え方も違えば、望んでいることも違い、抱えている傷も、歩むプロセスも違います。恐れや限界も人それぞれなのです。

人と比較して、どっちが多い、少ない、あの人の方が幸せに見える、見えない……そういったことは、まったく無意味なことです。

自分が望んでいることに向かっていれば、人のことを羨《うらや》む気持ちは、いっさいなくなります。

まず、自分の人生に、そして自分自身にフォーカスしてください。

自分が快適だと思うこと、楽しいと思うもの、喜びを感じる時間、それを毎日、少しでも増やすことができれば、確実に人生は幸せな方向に進み始めます。

どんなときでも、まず自分が自分に、一番に寄り添ってあげてください。

あなたの〈からだ〉の声は、あなたしか聞いてあげることができません。

あなたの精神と、感情と、肉体。

この三つの〈からだ〉は、常にあなたと共にあり、

いつも語りかけてくれているのですから――。

＊ LISTEN TO YOUR BODY ＊

リズ・ブルボーと、日本での
「〈からだ〉の声を聞きなさい」スクールに関する
お問い合わせは、下記まで。

からだの声を聞きなさい スクール事務局

電話 080-8479-0099

http://listentoyourbody.jp

編集協力 仲田舞衣

◇著者◇
北林はる奈（きたばやし・はるな）
「〈からだ〉の声を聞きなさい」日本スクール主催者。
自身を襲った原因不明の病気をきっかけに、リズ・ブルボーの著書と出会い、日本で開催されたすべてのワークショップに参加。リズ・ブルボーの教える、「肉体のレベル、感情のレベル、精神のレベル、スピリチュアルなレベル、それぞれの声に耳をすますことで〈心からの癒し・本当の幸せ〉を勝ち取る」というメソッドを学ぶ。その後、日本国内では初めてスクールの全課程を修了し、スクールの運営、ワークショップの開催などにあたっている。
http://www.listentoyourbody.jp/

カバー写真：© GYRO PHOTOGRAPHY/a.collectionRF/amanaimages

〈からだ〉の声を聞く12のルール

平成28年10月27日　　第1刷発行

著　者　　北林はる奈
装　幀　　フロッグキングスタジオ
発行者　　日高裕明
発　行　　株式会社ハート出版

〒171-0014 東京都豊島区池袋3-9-23
TEL03-3590-6077　FAX03-3590-6078
ハート出版ホームページ　http://www.810.co.jp

ISBN978-4-8024-0027-5　印刷・製本 中央精版印刷株式会社

〈からだ〉の声を聞きなさい ［増補改訂版］
世界を感動させた永遠のベストセラー　本体1800円

〈からだ〉の声を聞きなさい ② ［新装版］
もっとスピリチュアルに生きるために　本体1900円

私は神！ リズ・ブルボー自伝
あなたを変えるスピリチュアルな発見　本体1900円

五つの傷
心の痛みをとりのぞき 本当の自分になるために　本体1500円

五つの傷 癒しのメッセージ
魂がもっと幸せになる 心の痛みの治し方　本体1500円

〈からだ〉の声を聞きなさい Q&A ［大切な人との関係］編
出会い、恋愛、そして結婚の本当の意味とは　本体1300円

自分を愛して！
病気と不調があなたに伝える〈からだ〉からのメッセージ　本体2100円

あなたは誰？
すべてを引き寄せている〈自分〉をもっと知るために　本体1500円

LOVE LOVE LOVE ラブ・ラブ・ラブ
〈受け入れる〉ことで すべてが変わる　本体1900円

〈からだ〉に聞いて 食べなさい
もっと自分を愛してあげるために　本体1500円

お金と豊かさの法則
〈お金〉と〈こころ〉のスピリチュアルなQ&A　本体1500円

官能とセクシャリティ
[こころ・からだ・たましい]のレッスン　本体1800円

〈からだ〉の声を聞く 日々のレッスン
人生に〈気づき〉をくれる365日のセルフワーク　本体1800円

ガン ‐ 希望の書
〈からだ〉の声があなたに伝える スピリチュアルなメッセージ　本体1800円